Franc Kafka
VAVILONSKA JAMA

REČ I MISAO
KNJIGA 555

S nemačkog preveo
JOVICA AĆIN

FRANC KAFKA

VAVILONSKA JAMA

Priče i snovi

IZDAVAČKO PREDUZEĆE „RAD"
BEOGRAD

Izvornici

Franz Kafka
Gesammelte Werke in zwölf Bänden
Nach der Kritische Ausgabe
herausgegeben von Hans-Gerd Koch

t. 5: Beschreibung eines Kampfes *und andere
Schriften aus dem Nachlaß / in der Fassung der Handschrift*

t. 6: Beim Bau der chinesischen Mauer *und andere
Schriften aus dem Nachlaß / in der Fassung der Handschrift*

t. 7: Zur Frage der Gesetze *und andere
Schriften aus dem Nachlaß / in der Fassung der Handschrift*

t. 8: Das Ehepaar *und andere
Schriften aus dem Nachlaß / in der Fassung der Handschrift*

[Deo sa Snovima zasnovan je na izdanjima:]
Franz Kafka *Sogni*
Sellerio editore, Palermo, 1990
Franz Kafka *Träume*
Fischer Taschenbuch Verlag, Frankfurt am Main, 1993

Ima dolaska i odlaska
Rastanka i, često, bez ponovnog sastanka
Prag, 20. novembra.*

Franc Kafka.

---

* Najstariji poznati Kafkin književni zapis. U spomenaru 1897. godine.

PRIČE I NACRTI

AH, ZMIJO

Slatka zmijo, zašto ostaješ tako daleko, dođi bliže, još bliže, dovoljno, ne više, ostani tu. Ah, za tebe nema granica. Kako da ovladam tobom ako ti ne priznaješ ikakve granice. Biće to težak posao. Počinjem time što te molim da se sklupčaš. Da se sklupčaš, rekoh, a ti se opružaš. Ne razumeš me, pa me ne razumeš. Ta govorim veoma razumljivo: da se sklupčaš! Ne, ne shvataš. Da ti to pokažem ovde sa štapom. Najpre moraš da opišeš veliki krug, onda unutar njega, sasvim blizu, dodaš mu drugi i tako dalje. Naposletku još podigneš glavicu, te je sporo obaraš, prateći melodiju sa frule na kojoj ću svirati kasnije, a zamuknem li, i ti budi nepomična, sa glavom u najunutrašnjijem krugu.

DUH MUČITELJ

Duh mučitelj obitava u šumi. U nekoj davno napuštenoj kolibi iz drevnih ćumurdžijskih vremena. Uđete li u nju, osetićete samo neotklonjiv zadah truleži, i ništa drugo. Manji od najmanjeg miša, nevidljiv čak i za najprimaknutije oko, duh mučitelj se stiska u ćošak. Ništa, baš ništa ne možete da opazite, samo kroz prozor bez okna mirno huji šuma. Kako ovde vlada samoća i kako ti je to zgodno. Spavaćeš tu, u ćošku. Zašto ne bi u šumi gde vetar pirka? Pa zato što si sad već ovde, obezbeđen u kolibi, uprkos davno izvaljenim i odnesenim vratima. Ali, ti još pipkaš po vazduhu kao da bi da zatvoriš vrata, potom ležeš.

DIVLJACI

Divljacima za koje se priča da ne žude ni za čim drugim osim da umru ili da čak ni za tim više ne žude nego smrt žudi za njima, i oni joj se predaju ili joj se čak ni ne predaju nego padaju na peščani žal i nikad više ne ustaju – tim divljacima sam veoma sličan, a tu su okolo i moji saplemenici, ali pometnja je velika u ovim zemljama, metež vitla u talasima danju i noću, i braća mi se prepuštaju da ih nosi. U ovom kraju se to naziva „uzeti nekog pod mišku", svako će vam tako uvek pomoći; nekog ko bi bez razloga da se sruši i ostane da leži, boje se kao vraga zbog toga što bi mogao biti primer, zbog zadaha istine koji bi izbijao iz njega. Dabogme, ništa se ne bi dogodilo; jedan čovek, njih deset, ceo narod mogao bi da ostane da leži i ništa se ne bi dogodilo, moćni život bi nastavio da teče, još su tavani puni zastava koje nikad nisu bile razvijene, ovaj vergl je sa samo jednom muzikom, ali lično večnost okreće ručicu. A ipak strah! Kako ljudi u sebi uvek nose sopstvenog neprijatelja, mada je on nemoćan. Zbog njega, zbog tog nemoćnog neprijatelja, oni su [...]

GLAVNOKOMANDUJUĆI

Uveče, na putu kući, zemljoradnici naiđoše, na drumskom pristranku, na potpuno iznemoglog starca. Kunjao je polusklopljenih kapaka. Na prvi pogled je odavao utisak savim pijanog, ali nije bio pijan. Nije izgledalo ni da je bolestan, ni onemoćao od gladi, ni iscrpljen od skitnje, barem je na sva takva pitanja odmahivao glavom. „Pa ko si?" naposletku su ga zapitali. „Veliki general", reče, ni ne pogledavši ih. „Ah, tako", rekoše, „to je, dakle, tvoja boljka." „Ne", reče on, „stvarno sam to." „Naravno", rekoše, „šta bi inače bio." „Razumljivo je da se smejete", reče on, „neću vas kazniti." „Ma ne smejemo se", rekoše, „budi šta hoćeš, budi vrhovni general, ako hoćeš." „I to sam", reče on, „ja sam vrhovni general." „Eto, vidiš, znali smo to. Ali, to nas se ne tiče, htedosmo samo da te upozorimo da će noćas biti jak mraz, pa bi zato trebalo da odeš odavde." „Ne mogu da odem odavde, a i ne bih znao kuda bi trebalo da odem."

„Zašto pa ne bi mogao da odeš?"

„Ne mogu da odem, ne znam zašto. Kad bih mogao da odem, istog trena bih ponovo bio general usred svoje vojske."

„Zar su te izbacili iz nje?"

„Generala? Ne, pao sam."

„Ma, odakle?"

„Sa neba."

„Tamo odozgo."

„Da."
„Tamo gore je tvoja vojska?"
„Ne. Ali, suviše pitate. Odlazite i ostavite me."

RASTRZANI SAN

Zbog tog što se nekom ranijem knezu prohtelo, Mauzolej je morao da tik uz sarkofag postavi stražara. Razboriti ljudi su se tome protivili, ali naposletku je u toj sitnici popušteno ionako višestruko pritešnjenom knezu. Za to radno mesto prijavio se neki invalid iz rata u prošlom veku, udovac i otac tri sina koja su pala u poslednjem ratu. On bude primljen i stari dvorski činovnik prati ga u Mauzolej. Za njima je išla pralja natovarena različitim stvarima namenjenim stražaru. Do aleje, koja je potom vodila pravo u Mauzolej, invalid je, uprkos svojoj štaki, držao korak sa dvorskim činovnikom. Ali, onda malaksa, poče da kašljuca i trlja levu nogu. „Pa, Fridrih", osvrnu se i reče dvorski činovnik koji je sa praljom donekle odmakao. „Čupa me u nozi", reče invalid i iskrivi usta, „samo časak strpljenja, to obično smesta prođe."

„TI", REKOH

„Ti", rekoh i zadah mu kratak udarac kolenom, „ne spavaj." Kad je otvorio oči, pogledom pređoh svuda po njegovom licu; pošto sam se naprezao i da pogled zadržim iznad, neprestano sam video jedino njegovo grlo. „Gotovo si zaspao", rekoh i, budući da nisam hteo da dodirnem svoje lice, a nekako ga ipak učinim čvrstim, nasmejah se tako da je izgledalo kao da ono što sam rekao smatram šalom. Odmah sam to primetio i obuze me zima pod ogrtačem, pri čemu nisam izgubio osećaj za umerenu noćnu svežinu i toplotu ogrtača. Tako je okolni svet hteo da me otera ili nadiđe u istom trenu kad sam ga upoznao, i trebalo je da pomislim da sam ga probudio udarcem kolena.

„Stvarno si grub", reče mi on, dok mu se donja usna malo zavukla ispod gornje, valjda od spavanja, „kad me budiš kolenom. I uopšte si prema meni grub."

„O, pa ti si osetljiv! Izabrao si, međutim, loš trenutak da se javno žališ na mene. Morao bih onda i ja da se tako iskažem." Okrenuo sam se prema ulici i skinuo pred njom šešir.

„Ali, ne moraš da me udaraš."

„Dabome da ne moram. Ali, ti bi zaspao da te nisam probudio."

„Ma ja sam stvarno spavao, hoćeš li to već jednom da shvatiš."

SVAKODNEVNO JUNAŠTVO

Svakodnevno događanje; izdržati ga jeste svakodnevno junaštvo: A. treba da zaključi sa B. iz susednog sela H važan posao. Radi dogovora polazi za H, put donde i natrag prevaljuje za po deset minuta i kod kuće se hvali kako je bio posebno brz. Sutradan opet odlazi u H, ovog puta da bi konačno zaključio posao; pošto će to verovatno iziskivati više časova, A. kreće rano izjutra; ali, iako su, barem po A-ovom mišljenju, sve prateće okolnosti potpuno jednake sa pređašnjim, sad mu je za putovanje do H potrebno deset časova. Kad tamo uveče umoran dospe, kažu mu da je B, besan zbog A-ovog izostanka, pre pola časa otišao do A. u njegovo selo; morali su se zapravo sresti. A-u preporučuju da sačeka, jer B. tek što se nije vratio. Ali A, strepeći za posao, odmah kreće i žuri kući. Ovom prilikom, iako o tome nije naročito vodio računa, put natrag prevaljuje upravo za tili časak. Kod kuće saznaje da je B. tâ još izrana dolazio, samo što je A. krenuo, i da ga je B. presreo na kapiji, podsetio na posao, a da mu je A. odvratio da u tom trenu nema vremena i da veoma žuri. Ali, uprkos takvom neshvatljivom A-ovom ponašanju, B. je ipak ostao ovde da sačeka A. Često se već, doduše, raspitivao da li se A. vratio, ali još je gore, u A-ovoj sobi. Srećan zbog tog što još može da razgovara sa B-om, A. ustrčava stepenicama. Bezmalo se već popeo, onda se spotakne, istegne mišić i maltene obeznanjen od bola, nemoćan čak i da krikne, samo cvileći u mraku, čuje i vidi kako, nejasno da li u daljini ili tik uz njega, B. ljutito topoće niz stepenište i konačno iščezava.

PUNOMOĆJE

To je punomoćje. Po svojoj naravi, mogu da preuzmem samo punomoćje koje mi niko nije dao. U toj protivrečnosti, mogu da živim uvek samo u nekoj protivrečnosti. Ali, tako je u svačijem slučaju, jer živeći umiremo, umirući živimo. Kao što je, recimo, cirkus ovijen platnom, pa tako niko ko nije unutar tog zida od platna ne može ništa da vidi. Ali, sad neko nađe rupicu u tom zidu i tako može za zaviri. Dabome, njega samo trpe tamo. Sve nas tako na trenutak trpe. Dabome – još jedno dabome – većinom kroz takvu rupicu vidimo jedino leđa gledalaca na mestima za stajanje. Dabome – treće dabome – u svakom slučaju čujemo muziku, kao i životinjsku riku. Naposletku, onemoćali od užasa, poleđuške padamo u ruke policajcu koji po dužnosti obilazi cirkusku šatru i onako te blago potapše po ramenu kako bi te upozorio na neprikladnost tvog napregnutog gledanja za koje nisi ništa platio.

ZELENI ZMAJ

Vrata su se otvorila i u sobu uđe, nabrekao od soka, slasno zaobljenih bokova, bez nogu, puzeći celim stomakom, zeleni zmaj. Pozdravismo se najučtivije. Zamolih ga da sasvim uđe. Žalio je što to ne može da učini, pošto je suviše dugačak. Vrata su otuda morala da ostanu otvorena, što je bilo neugodno. Osmehnuo se napola u neprilici, napola prepredeno, i počeo:

Primamljen tvojom čežnjom, dopuzao sam dovde izdaleka, sav sam dole već izranavljen. Ali, drago mi je da to činim. Drago mi je da dolazim, drago mi je da ti se nudim.

UZ VAVILONSKU KULU

Na izgradnji Vavilonske kule najpre je sve bilo u podnošljivom redu; čak je reda bilo možda suviše: preterano smo mislili na putokaze, tumače, radničke barake i saobraćajne puteve, kao da su pred nama stoleća koja će nam omogućiti nesmetani rad. Tad je čak vladalo mišljenje da ne možemo da gradimo dovoljno sporo; jedva da je trebalo malčice preterati sa tim mišljenjem, pa bismo mogli odustati uopšte i od polaganja temelja. Ovakvi su, naime, argumenti bili iznošeni: suština celog poduhvata jeste misao da se izgradi kula do neba. Pored ove misli sve ostalo je sporedno. Shvaćena jednom u svojoj veličini, ta misao ne može da nestane; dokle god je ljudi, biće i snažne želje da se kula dovrši. S obzirom na to, dakle, ne moramo da brinemo za budućnost; naprotiv, znanje čovečanstva se uvećava, građevinarstvo je napredovalo i još će napredovati, rad za koji nam je potrebno godinu dana, kroz sto godina može će biti obavljen za pola godine i, uz to, biće bolji, trajniji. Pa zašto onda već danas iscrpljivati snage do krajnje granice? To bi imalo smisla tek ako bismo mogli da se nadamo da kulu izgradimo tokom jednog naraštaja. Ali, to se baš nikako ne bi moglo očekivati. Pre bi se moglo pomisliti da će sledeći naraštaj, sa svojim usavršenim znanjem, smatrati da je rad prethodnog naraštaja rđav i srušiće ono što je bilo izgrađeno da bi iznova započeo gradnju. Takve misli satirale su snagu, pa smo više brinuli o podizanju grada za naseljenje radnika nego o izgradnji kule. Svaka grupa radnika, koji su se okupljali po zemljačkoj liniji, htela je da ima najlepši stambeni blok, i otuda su nastajale prepirke i one prerastale u krvave bitke. Te bitke više nisu prestajale; vođama su one bile nov argumenat da bi kulu, u odsustvu neophodne usredsređenosti, trebalo graditi veoma sporo ili, još bolje, tek pošto se sklopi opšti mir. Ipak, vreme nismo provodili samo u bitkama, nego smo u predasima ulepšavali grad, izazivajući time, dabome, novu zavist i nove bitke. Tako je prolazilo vreme prvom naraštaju, ali nijedan sledeći nije bio drugačiji, samo što je izveštenost neprestano rasla, a s njom i ratobornost.

*

Tome se pridodalo da je već drugi ili treći naraštaj uvideo besmislenost izgradnje kule do samog neba, ali bili smo već prejako međusobno povezani da bismo napustili grad. Sve priče i pesme nastale u tom gradu ispunjene su čežnjom za prorokovanim danom u koji će gorostasna pesnica sa pet munjevito uzastopnih udaraca smlaviti grad. Stoga grad i ima pesnicu u grbu.

*

Šta to gradiš? – Hoću da prokopam prolaz. Mora doći do nekog napretka. Suviše visoko je, gore, moje stajalište.

*

Mi kopamo Vavilonsku jamu.

*

Kad bi bilo mogućno da sagradimo Vavilonsku kulu, a da se ne penjemo na nju – izgradnja bi bila odobrena.

RIBOLOV

Ako je mogućno još tako otvoreno govoriti o svojim sposobnostima, imam ručni zglob starog, srećnog, neumornog pecaroša. Sedim, recimo, kod kuće, pa pre nego što krenem u pecanje obrćem desnu ruku, potanko je motreći, jednom tamo, jednom ovamo. To je dovoljno da mogu da vidim i osetim i podrobno mi se razotkrije kakav će biti rezultat predstojećeg pecanja. [Neka moć predosećanja je u ovom gipkom zglobu na koji, u časima mirovanja, navlačim zlatnu narukvicu da bih mu pustio da sabere snagu.] Vidim vodu na mom mestu za pecanje kako posebno struji u posebnom trenutku, ukazuje mi se reka u preseku, pa na toj presečnoj površi, na deset, dvadeset, čak stotinu različitih mesta razgovetno izbija broj i vrsta riba, i tad znam kako da vodim udicu, a poneka riba, ne sluteći opasnost, glavom probije površinu, ja joj poturim udicu i ona već visi, i ta munjevitost sudbinskog trena oduševljava me čak dok sedim za kućnim stolom, dok se druge ribe pomaljaju do trbuha, i krajnje je vreme da pogdekoju još uhvatim, ostale će umaći sa opasne površi, pa ma i za rep, i tog puta su, samo zasad, izgubljene za mene, pošto pravom ribolovcu nijedna riba ne pobegne.

HRAM

Sve mu se uklapalo u zdanje. Strani radnici su doneli mermerne blokove, isklesali ih i saobrazili. To kamenje je podizano i pomerano onako kako su se, mereći, kretali njegovi prsti. Nijedno zdanje nije nikad sagrađeno tako lako kao ovaj hram ili, štaviše, ovaj hram je nastao onako kako istinski valja graditi neki hram. Samo što su na svakom kamenu – sa kojeg li su kamenoloma poticali? – nesuvislom detinjom rukom, nekim očevidno izuzetno oštrim instrumentom, bile urezane nespretne škrabotine ili su čak to bili varvarski zapisi gorštaka, namenjeni večnosti trajnijoj od hrama.

LEOPARDI

Leopardi su provalili u hram i posrkali sav talog iz žrtvenih vrčeva. I to se neprestano ponavljalo. Naposletku se na to moglo unapred računati, i postaje deo obreda.

IZABRANI KONJI

Kao dva konja u trku, od kojih jedan pribija glavu uz sebe i izdvaja je iz trčanja i protresa je sa celom grivom, zatim je uzdiže i tek sad, prividno okrepljeniji, opet nastavlja trk, koji zapravo nije ni prekidao.

*

Danas rano prazna seoska kola i mršav veliki konj pred njima. Kola i konj, neobično izduženi u poslednjem naporu da se popnu uz strminu. Za posmatrača, postavljeni koso. Konj je malo podigao prednje noge, vrat iskrenuo u stranu i napred. Nad njim kočijašev bič.

*

Zaprepašćeno smo gledali velikog konja. Probio je tavanicu naše sobe. Oblačno nebo se teško vuklo duž moćnih obrisa, a griva je šumeći lepršala na vetru.

*

Mladi častoljubivi student

Mladi častoljubivi student, koji se veoma zainteresovao za slučaj konjâ iz Elberfelda i potanko je pročitao i proučio sve što je o tome predmetu bilo objavljeno u štampi, odlučio je da u tom pogledu uradi nešto na svoju ruku i da stvar postavi drugačije nego što je dotad bila i, po njegovom mišljenju, neuporedivo ispravnije od njegovih prethodnika. Njegova novčana sredstva, doduše, nisu bila dovoljna da mu u znatnijoj meri omoguće poduhvat, i kad se prvi konj, koga kupi za svoj poduhvat, pokazao kao jogunast, što je moglo da bude ustanovljeno tek posle niza nedelja najpredanijeg rada, onda za duže vreme nije imao više nikakvog izgleda da krene sa novim pokušajima. Ipak, time on nije bio preterano poplašen, jer po njegovoj metodi verovatno svaka tvrdoglavost može biti savladana. U svakom slučaju, saglasno njegovoj opreznoj naravi, već prilikom obračuna troškova koji su rasli i sredstava koje je mogao da namakne, sve je išlo po planu. Svakog meseca su mu roditelji, siromašni trgovci u provinciji, redovno slali određeni iznos neophodan za njegovo oskudno izdržavanje tokom studija, i on je mislio da se te podrške nikako ne odrekne, uprkos tome što je, naravno, besuzuslovno morao da ostavi studiranje, koje su njegovi roditelji sa puno nade pratili izdaleka, ako je hteo da na novom području, na koje sad stupa, postigne očekivane velike uspehe. Nije vredelo ni misliti da bi rodtelji imali razumevanja za te nove poslove ili čak, recimo, da ga podstiču na njih, pa je tako morao, koliko god mu to bilo mučno, da im prećuti svoje namere i drži ih u uverenju da on u svom dosadašnjem studiranju redovno napreduje. Obmanjivanje roditelja bilo je tek jedna od žrtava koje je podnosio u korist stvari. Za pokrivanje predvidivo velikih rashoda, koje su njegovi poslovi iziskivali, prilog roditelja nikako nije bio dovoljan. Zato je student većim delom dana, dotad posvećenog studiranju, davao privatne časove. Ali, veći deo noći trebalo je da posluži pravom poslu. Ne samo zato što je na to bio prinuđen svojim neprobitačnim spoljašnjim obavezama, student je izabrao noćno doba za podučavanje konja, a i nova načela koja je hteo da uvede u dresuru konjâ upućivala su ga na noć iz različitih razloga. I najmanje skretanje konjske pažnje značilo je, po njegovom mišljenju, nepopravljivu štetu za podučavanje, pa je otuda noć bila po svemu najpouzdanija. Kad su čovek i životinja noću budni i rade, razdražljivost koja ih spopada bila je izričito sastavni deo njegovog plana. On se nije bojao, poput ostalih stručnjaka, divljačnosti konja; štaviše, zahtevao ju je, čak ju je izazivao, doduše ne putem biča, nego pomoću razdraživanja svojom stalnom prisutnošću i neprekidnim podučavanjem. Tvrdio je da u pravilnom podučavanju konj ne bi smeo da iskaže nikakav delimični napredak; delimični napredak, koji su u poslednje vreme svakojaki konjoljupci tako preterano hvalili, nije ništa drugo nego ili učinak vaspitačeve uobrazilje ili, što je još gore, najnedvosmisleniji znak da nikad neće ni doći do nekog opšteg napretka. On sam se ničeg drugog nije tako čuvao kao postizanja delimičnog napretka; zadovoljnost njegovih prethodnika, koji su, uspevši da nauče konje malim računskim radnjama, verovali da su već nešto postigli, činila mu se neshvatljiva, i to mu je bilo kao kad bismo se u dečjem vaspitanju zadovoljili time da dete, svejedno da li je ono za ceo ljudski svet slepo, gluvo ili ravnodušno, ne naučimo ničem drugom nego da u plavo boji male crteže. Sve je to bilo tako šašavo i greške drugih konjskih vaspitača izgledale su mu ponekad da tako užasno bodu oči da se onda, štaviše, i u njemu javljala sumnja u sebe, jer bilo je ta gotovo nemogućno da izvesni pojedinac, uz to neiskusan pojedinac, koga je jedino neoprobano, ali svakako duboko i naprosto divlje uverenje vodilo napred, bude u pravu nasuprot svim znalcima.

*

Bukefal

Advokat dr Bukefal, još u postelji, jednog jutra pozva svoju domaćicu i reče joj: „Danas počinje glavni pretres u procesu moga brata Bukefala protiv firme Trolheta. Ja zastupam tužbu i pošto će pretres trajati najmanje nekoliko dana, i to doslovno bez prekida, sledećih dana neću uopšte dolaziti kući. Telefoniraću vam kad pretres bude okončan ili kad već može da bude naslućen njegov kraj. Sad više ništa ne mogu da kažem, pa ni da odgovorim na najmanje pitanje pošto, prirodno, moram da pazim da očuvam punu snagu svoga glasa. Zato mi za doručak i poslužite dva živa jajeta i čaj sa medom." I zaćuta, polagano se zavalivši u jastuke, sa dlanom preko očiju. Brbljiva, ali od straha pred gospodarem obamrla domaćica beše veoma zbunjena. Tako odjednom je dobila tako neubičajenu naredbu. Još sinoć je gospodar razgovarao sa njom, ali ništa nije nagovestio o tome što je predstojalo. Nije valjda pretres mogao biti zakazan preko noći. A ima li pretresa koji danima neprekidno traju? I zašto je gospodar spomenuo stranke u procesu, kad on to, naprotiv, inače nikad ne iznosi? I šta bi sa takvim grdnim procesom mogao imati gospodarev brat, mali piljar Adolf Bukefal, sa kojim gospodar, uostalom, već odavno, izgleda, nije na dobroj nozi? I kako se sa nezamislivim naprezanjima koja su predstojala gospodaru slaže činjenica da on sad prilično iscrpljen leži u krevetu i svoje, ako je ne vara jutarnje svetlo, nekako propalo lice pokriva dlanovima? A treba da posluži samo čaj i jaja, ne i, kao inače, malo vina i šunke da bi se životni duhovi potpuno razbudili? U takvim mislima domaćica se vratila u kuhinju, samo na časak sela na svoje omiljeno mesto kod prozora, uz cveće i kanarinca, bacila pogled na deo dvorišta naspram nje, gde su se, iza jednog prozora s rešetkama, dvojica polugolih dečaka igrala rvući se, zatim se, uzdišući, okrenula i sipala čaj, uzela dva jajeta iz špajza, sve složila na tacnu, ne odolevši da ponese i bocu sa vinom kao dobronamerni mamac, i sa svim tim ušla u spavaću sobu. Ona je bila prazna. Kako, nije valjda gospodar već otišao. Nije, ipak, za minut mogao da se obuče. Ali, na vidiku nije bilo više ni donjeg rublja ni odela. Pa mora da je gospodar, zaime boga, već u predsoblju. Tamo nije bilo ni mantila, ni šešira, ni palice. Kroz prozor. Gospodar je, glavom i bradom, upravo izlazio kroz kapiju, sa šeširom zabačenim na potiljak, raskopčanog mantila, stiskajući aktentašnu uz sebe, s palicom okačenom o džep mantila.

*

Konj se spotače, prednje noge mu pokleknuše, jahač izlete iz sedla. Dvojica muškaraca, koji su, svaki za sebe, plandovali negde u senci krošnji, pojaviše se i posmatrahu palog jahača. Obojici je sve bilo nekako sumnjivo, sunčeva svetlost, konj, koji se opet pridigao, jahač naspram njih koji je, odjednom ošamućen nezgodom, dolazio k sebi. Primicali su se polagano, sa usnama mrzovoljno napućenim i rukom kojom su otkopčanu košulju neodlučno stiskali uz grudi i vrat.

*

Izjavljujem ovde jasno: laž je sve što se o meni priča ako to polazi od toga da sam bio eto kao prvi čovek u prisnom prijateljstvu s konjem. Neobično je da se ova čudovišna tvrdnja širi i da se veruje u nju, ali još znatno neobičnije jeste da stvar nesmotreno prihvatate, širite je i verujete u nju, ali tek samo jedva izrazitijim klimanjem glave primate na čemu ona počiva. U tome je tajna čije ispitivanje je zapravo zavodljivije od malenkosti koju sam stvarno učinio. A samo ovo sam učinio: godinu dana živeo sam s konjem onako kao što bi, recimo, da spolja nema nikakve prepreke da preduzme sve što bi ga moglo dovesti do njegovog cilja, muškarac živeo sa devojkom koju poštuje, ali koja ga odbija. Zatvorio sam se, dakle, sa kobilom Eleonorom u štalu i to zajedničko boravište napuštao samo jedino da bih držao časove od kojih sam zarađivao da se nas dvoje prehranimo. Bilo je to, nažalost, pet do šest časova dnevno i uopšte nije isključeno da je taj gubitak u vremenu kriv za konačan neuspeh svih mojih napora, i neka to gospoda, koju sam uzalud molio da podrže moj poduhvat i na kojima je bilo da izdvoje tek malo novca za nešto za šta sam bio spreman da se toliko žrtvujem, kao što žrtvujemo svežanj ovsa koji polažemo konju među zube, dakle, neka ovoj gospodi to bude otvoreno rečeno.

DALJE ODAVDE

Odveli su me do mog konja, ali bio sam još veoma slab. Video sam tu vitku životinju kako drhti u groznici života [...]

*

To nije moj konj, rekoh kad mi gostionički sluga izjutra privede nekog konja. Vaš konj je noćas bio jedini u našoj štali, reče sluga i pogleda me uz smešak ili, ako bih baš, uz drzak smešak. Ne, rekoh, to nije moj konj. Kožna vreća mi ispade iz ruku, okretoh se i uputih u sobu koju sam maločas tek bio napustio.

*

Polazak

Zapovedio sam da mi izvedu konja iz štale. Sluga me nije razumeo. Lično sam otišao u štalu, osedlao konja i zajahao ga. Čuo sam trubu u daljini, i upitao slugu šta to znači. On ništa nije znao niti išta čuo. Zaustavio me je na kapiji i upitao: „Kuda jašeš, gospodaru?" „Ne znam", rekoh, „samo dalje odavde, samo dalje odavde. Stalno dalje odavde, samo tako mogu da dospem do svog cilja." „Ne poznaješ, dakle, svoj cilj?" upitao je. „Znam ga", odgovorih, „pa rekao sam 'dalje odavde', to je moj cilj." „Nisi poneo nikakvu hranu", reče on. „Nije mi potrebna", rekoh, „putovanje je toliko dugo da ću obavezno umreti od gladi ako putem ništa ne dobijem. Nema hrane koju bih poneo da me može spasti. To je, na sreću, zaista neizmerno putovanje."

*

Konjanik je jezdio šumskim drumom, pred njim je trčao pas. Posle njih je nailazio par gusaka, devojčica ih je prutićem terala pred sobom. Uprkos tome što su svi, od psa do devojčice, grabili napred što su brže mogli, ipak to nije bilo veoma brzo i svako je lako držao korak sa drugim. Uostalom, i šumsko drveće sa obe strane trčalo je uz njih, nekako bezvoljno, umorno, to staro drveće. Devojčici se pridružio mladi atleta, plivač, plivao je snažnim zamasima, glave uronjene u vodu, i dok je on plivao voda se talasala oko njega i tako tekla sa njim, a potom je dolazio neki stolar, koji je trebalo da isporuči sto što ga je nosio na leđima, čvrsto držeći rukama obe prednje noge stola, i sledio ga je carski glasnik, nesrećan što mu se toliki svet isprečio ovde u šumi i neprestano je ispružao vrat da bi sagledao stanje pred sobom i zašto svi idu tako odvratno sporo, ali morao je da bude smeran, a mogao je svakako da lako prestigne stolara, i kako bi onda da prođe kroz vodu koja je okruživala plivača. Za glasnikom je, začudo, nailazio car lično, neki još mlad čovek, plave zašiljene brade, nežnog, ali okruglastog lica koje se radovalo životu. Tu se ispoljavaju nevolje sa tako velikim carstvima, car nije poznavao svog glasnika, glasnik nije poznavao svog cara; car je izišao u šetnju radi okrepljenja i nije napredovao sporije od svog glasnika, pa je mogao i lično da se pobrine za isporuku pošte.

*

Najbliže selo

Moj deda često bi kazivao: „Život je začuđujuće kratak. Kad se sad prisetim, on mi se toliko zbija da jedva shvatam, recimo, kako neki mladić može da se odluči da odjaše u sledeće selo, ne bojeći se da mu – zanemarimo li i nesrećne slučajeve – već ni sve vreme običnog života, koji srećno protiče, neće biti dovoljno da donde odjezdi."

*

Dalje odatle, dalje odatle, jezdili smo kroz noć. Bila je tamna, ni mesečine ni zvezda, i još tamnija nego što su inače noći bez mesečine i zvezda. Imali smo važan nalog; naš vođa ga je nosio u zapečaćenom pismu. Zabrinuti mogućnošću da izgubimo vođu, pokadikad bi jedan od nas odjahao ispred i proveravao da li je vođa još tu. Jedared, upravo kad je na mene došao red da proverim, vođe više nije bilo. Nismo se prejako poplašili, ionako smo se sve vreme toga bojali. Odlučili smo da odjašemo natrag [...]

DUGA PRIČA

Gledam devojku u oči, i bila je to veoma duga ljubavna priča, sa grmljavinom i poljupcima i munjama. Ja živim brzo.

NEMOĆ

Juče me je pohodila nemoć. Stanuje u susednoj kući, i češće sam je viđao kako uveče nestaje iza oniske kapije. Prava dama, u haljini koja se u talasima spušta i sa širokim perjem ukrašenim šeširom. Žurno je, šumeći, ušla mi na vrata, poput lekara poplašenog da prekasno stiže kod bolesnika na izdisaju. „Antone", uzviknu šupljim, a ipak nadmenim glasom, „evo me, tu sam." Strovalila se u stolicu na koju sam joj pokazao. „Visoko stanuješ, visoko stanuješ", prostenjala je. Zavaljen u naslonjači, klimnuo sam glavom. Pred očima su mi poigravale mnogobrojne stepenice koje su vodile do moje sobe, jedna za drugom, neumorni talasići. „Zašto si tako hladan?" pitala je i svukla svoje stare dugačke mačevalačke rukavice, bacila ih na sto i pognute glave me pogledala, namignuvši. Bilo mi je kao da sam vrabac koji na stepeništu uvežbava skokove, a ona mi čerupa meko, pahuljasto, sivo perje. „Od srca mi je žao da veneš za mnom. Često sam ti već, iskreno rastužena, posmatrala mršavo lice dok si stajao u dvorištu i podizao pogled put mog prozora. Pa nisam baš neraspoložena prema tebi, i ako još nisi dosad, možeš ipak zadobiti moje srce.

KAD MU DOJADIŠE MORA

Posejdonu behu dojadila njegova mora. Trozubac mu ispade. Tiho je sedeo na obalskoj hridi, a jedan galeb, ošamućen njegovim prisustvom, vrludavo mu je kružio oko glave.

SANČO PANSA I DON KIHOT

Ne unesrećuje Don Kihota njegova fantazija, nego Sančo Pansa.

*

Sančo Pansa, koji se uostalom tim nikad nije hvalio, uspeo je tokom godina, okružujući se u večernjim i noćnim časima gomilom romana o vitezovima i razbojnicima, da toliko odagna od sebe svog đavola, koga će kasnije nazvati Don Kihot, da je ovaj zatim, nestalan, izvodio najmahnitije podvige, ali koji, u nedostatku prethodno određenog predmeta, a trebalo je da to bude upravo Sančo Pansa, nikom nisu štetili. Sančo Pansa, slobodan čovek, nehajno je pratio, možda zbog izvesnog osećanja odgovornosti, Don Kihota na njegovim pohodima i od tog je imao veliku i korisnu zabavu do svog kraja.

*

Jedan od najvažnijih Don Kihotovih podviga, istaknutiji od borbe sa vetrenjačama, jeste samoubistvo. Mrtvi Don Kihot bi da ubije mrtvog Don Kihota; ali, da bi ga ubio, potrebno mu je neko živo mesto, pa ga svojim mačem traži podjednako istrajno i uzaludno. Zaokupljeni time, dva mrtvaca se poput nerazmrsivog klupka kotrljaju kroz razdoblja.

*

Don Kihot je morao da se iseli, cela Španija mu se smejala, nemoguće mu je bilo da tamo opstane. Putovao je kroz južne krajeve Francuske, gde je tu i tamo sretao dobre ljude s kojima se sprijateljio, usred zime je, uz silne napore i lišavanja, prešao Alpe, zatim je prošao gornjoitalijanskom nizijom, koja mu nije prijala, i naposletku dospeo u Milano.

O SLIKOVITOSTIMA

Mnogi se žale da su reči mudraca uvek samo slikovitosti, ali neprimenjive na svakodnevni život, a samo taj jedini imamo. Kad mudrac kaže „Pređi onamo", on ne misli da bi trebalo preći na drugu stranu, što bi se nekako još moglo postići ako bi ishod tog puta imao neku vrednost, nego misli na nekakvo u pričama izmišljeno Tamo, nešto što ne poznajemo, što ni on ne ume da bliže opiše i što nam, dakle, ovde ne može nimalo pomoći. Sve te slikovitosti hoće zapravo samo da kažu da je nedokučivo ono što je nedokučivo, a to smo znali. Ali, drugačije su stvari ono sa čim se svakog dana mučimo.

Na to reče jedan: „Zašto se opirete? Kad biste sledili slikovitosti, onda biste i sami postali slikovitosti, i time već bili lišeni svakodnevnih muka"

Drugi reče: „Kladim se da je i to slikovitost."

Prvi reče: „Dobio si."

Drugi reče: „Ali, nažalost, samo slikovito."

Prvi reče: „Ne, u stvarnosti; u slikovitosti si izgubio."

IZVORI SA NAPOMENAMA

Opšta napomena prevodioca

Zašto baš ovakav izbor najkraćih priča, parabola, nacrta i stvarno ili tek slikovito nezavršenih odlomaka? Pa onako. Iz svakojakih razloga. Valjda sam zamislio da sam neki Kafkin lik koji postupa neobjašnjivo, a ipak veoma logično. Kao u slučaju ludila: svet biva sve bezumniji što sam ja racionalniji. Dvadesetak Kafkinih radova u ovoj knjizi (kojoj su pridruženi Snovi), nevelik izbor, trenutni je odblesak, pušten u svet samo za ovu priliku, i izraz je mog projekta po kome bi celog Kafku, ne isključujući ni slovce, ne dodajući ni tačkicu, trebalo ponovo prevesti, ali sad držeći se kritičkih izdanja, najvernijih originalnim rukopisima i sveskama, posebno kad su u pitanju tekstovi iz za autorovog života neobjavljene ostavštine. Redosled je poglavito slučajan samo da bih podsetio da novost i snaga Kafkinog pisanja ne zavise presudno, recimo, od datuma nastanka ili drugih spoljašnjih ili nametnutih elemenata i vodilja. Naslov knjige potiče iz Kafkine rečenice koja pripada skupini o Vavilonskoj kuli.

Samo jedna od priča ima naslov koji potiče od pisca („Das Nächste Dorf"), i to je istaknuto kosim slovima; ostali naslovi su od tuđe ruke, ali su u svetu više ili manje odomaćeni ili su ovde skovani prvi put.

Ah, zmijo, str. 9
U izvorniku počinje rečima *Süße Schlange...*
U rukopisnoj ostavštini iz perioda: jesen 1916 – proleće 1918.

Duh mučitelj, str. 10
U izvorniku počinje rečima *Der Quälgeist wohnt...*
U rukopisnoj ostavštini iz perioda: jesen 1916 – proleće 1918.

Divljaci, str. 11
U izvorniku počinje rečima *Jenen Wilden, von denen erzählt wird...*
U rukopisnoj ostavštini iz perioda: zima 1917/18 – proleće 1922.
Nema završetka, ali kao da ga ima. Mogli bismo i mi za priličan deo Kafkine rukopisne ostavštine reći kao i on za izvesni kineski spis: „Ovaj (možda odveć evropeizovani) prevod nekoliko listova starog kineskog manuskripta stavlja nam na raspolaganje prijatelj od akcije. Ovo je odlomak. Nema nade da bi nastavak ikad mogao biti pronađen." U stvari, bode oči da sve što je Kafka napisao nema kraja. Tako je sa pričama, tako sa romanima. Bez kraja, ali okončano, jer sve dalje govori samo. Nikakva završna tačka nije nužna. Ako postoji kraj, Kafka smatra da nema puta do njega. Postoji jedino oklevanje.

Glavnokomandujući, str. 12
U izvorniku počinje rečima *Feldarbeiter fanden als sie abends nachhause...*
U rukopisnoj ostavštini iz perioda: zima 1917/18 – proleće 1922.
Motivu generala Kafka je nekoliko puta pristupao.

Rastrzani san, str. 14
U izvorniku počinje rečima *Zerrissener Traum. Die Laune eines früheren Fürsten hatte...*
U rukopisnoj ostavštini iz perioda: jesen 1916 – proleće 1918.

„Ti", rekoh, str. 15
U izvorniku počinje rečima *„Du", sagte ich und gab ihm...*

U rukopisnoj ostavštini iz perioda: 1897–1915.
Pripada užoj skupini zapisa priče „Opis jedne borbe", od koje postoje dve verzije, *A* i *B*. Ali, ovaj tekst ne nalazi se ni u jednoj od te dve verzije.

Svakodnevno junaštvo, str. 16

U izvorniku počinje rečima *Ein alltäglicher Vorfall; sein Ertragen ein alltäglicher Heroismus...* Priča nastala 21. oktobra 1917. U verziji koju je objavio Maks Brod, piščev prijatelj i izvršilac njegovog testamenta, važan izraz *alltäglicher Heroismus* zamenjen je sa *alltäglicher Verwirrung* („svakodnevna zbrka"), a postoje i druga odstupanja od originalnog rukopisa, sve do promene interpunkcije. Kafka je interpunkciju koristio saglasno svom ritmu priče, ne mareći za pravopisne propise. To bi moralo biti kolikogod uvaženo.

Punomoćje, str. 18

U izvorniku počinje rečima *Es ist ein Mandat. Ich kann meiner Natur nach nur ein Mandat übernehmen...*
U rukopisnoj ostavštini iz perioda: zima 1917/18 – proleće 1922.

Zeleni zmaj, str. 19

U izvorniku počinje rečima *Es öffnete sich die Tür und es kam...*
U rukopisnoj ostavštini iz perioda: 1922–1924.
U zelenom zmaju Kafka kao da je opisivao posetu neke žene ili smrti. Ali, to samo ja tako pomišljam.

Uz Vavilonsku kulu, str. 20

U rukopisima je nađeno više „vavilonskih" odlomaka koje sam okupio.
U izvorniku oni počinju rečima: *Anfangs war beim babylonischen Turmbau alles in leidlicher Ordnung... Dazu kam, daß schon die zweite oder dritte Generation... Was baust Du? Ich will einen Gang... Wir graben... Wenn es möglich gewesen wäre...*

Prva dva koja se veoma međusobno vezuju (pa ih je, osnovano ili ne, Maks Brod i spojio), ali između njih postoji u piščevoj svesci više zapisa i vidljivo je da je među njima proteklo najmanje nedelju dana. Nastala su 1920. godine, u jesen. Druga dva su iz 1922–24, istog dana po svemu sudeći. Peti je najraniji, od 9. novembra 1917.

Svi pripadaju, po meni, istom tematskom okružju: gradnja i srodno. I zato sam ih ovde udružio.

Ribolov, str. 23

U izvorniku počinje rečima *Ich habe – wer kann noch so frei...*

U rukopisnoj ostavštini iz perioda: jesen 1916 – proleće 1918. U verziji koju je objavio Maks Brod postoji rečenica koje nema u kritičkom izdanju rukopisa (vid. u uglastim zagradama).

Hram, str. 24

U izvorniku počinje rečima *Alles fügte sich ihm zum Bau. Fremde Arbeiter brachten die Marmorsteine...*

U rukopisnoj ostavštini iz perioda: jesen 1916 – proleće 1918.

Leopardi, str. 25

U izvorniku počinje rečima *Leoparden brechen in den Tempel ein...*

U žrtvenim vrčevima mogla bi biti i krv, kako sam naišao u jednom od engleskih prevoda ove kratke parabole.

Rad je napisan 10. novembra 1917. godine, „u krevetu", kako stoji za taj dan u piščevoj svesci. Većina Kafkinih najkraćih priča napisana je u krevetu. Ova je svrstana među aforizme.

Izabrani konji, str. 26

Kafkin odnos prema životinjama bio je poseban. Među njima izdvaja se konj, u raznim ulogama, na velikom broju mesta. Nisu ovde svi Kafkini konji. Učinilo mi se, međutim, da vredi pomisliti da kod pisca postoji izvesna izuzetna sklonost prema njima. Iz te pomisli je i nastala ova skupina u knjizi. Figura konja je, svakako, neki kompleks od značaja za Kafku. Mada je znatan deo života proveo u postelji, kao da je živeo na konju. I mi, kad umiremo, mrtvi padamo sa konja.

Najpre dva dnevnička zapisa iz 1912. godine, 6. juna, koji počinje rečima *wie von zwei Pferden im Lauf...*, i 20. avgusta, koji počinje rečima *Heute früh der leere Leiterwagen...*

Vizija o ogromnom konju koji probija krov kuće i seže do neba počinje, u izvorniku, rečima *Staunend sahen wir das grosse Pferd...* Nastala 22. oktobra 1917.

Priča o studentu koji bi da zadivi svet svojom dreserskom metodom, u izvorniku počinje rečima *Ein junger ehrgeiziger Student, der sich für den Fall der Pferde von Elberfeld...* U rukopisnoj ostavštini iz perioda: 1897 – 1915.

Priča koju sam naslovio sa *Bukefal*, počinje u izvornku rečima *Der Advokat Dr. Bucephalas ließ eines Morgens...* U rukopisnoj ostavštini iz perioda: jesen 1916 – proleće 1918. Bukefal je, inače, bio bojni konj Aleksandra Makedonskog. Vid. i Kafkinu priču „Novi advokat", ranije već prevedenu na srpski jezik.

O konju koji se spotakao, počinje rečima *Das Pferd stolperte, fiel auf die Vorderbeine nieder...* U rukopisnoj ostavštini iz perioda: zima 1917/18 – proleće 1922.

O pokušaju intimnog druženja sa kobilom, počinje rečima *Ich erkläre es hier deutlich...* U rukopisnoj ostavštini iz perioda: 1922–1924.

Pod međunaslovom *Dalje odavde*, sastavljena je podskupina sa motivom odlaska, uvek na konju, jer konj bolje od nas zna koji je naš cilj. Za konja je to: otići, samo otići, i to je cilj. Prvi počinje rečima *Ich wurde zu meinem Pferd geführt...* Drugi *Das ist nicht mein Pferd, sagte ich...* Kratka parabola „Polazak" („Der Aufbruch") dobila je naslov od Maksa Broda (koji ju je prvi put objavio 1936. godine) i počinje, u izvorniku, rečima *Ich befahl mein Pferd aus dem Stall zu holen...* U rukopisnoj ostavštini iz perioda: 1922–1924. Zatim o jahaču sa kojim počinje jedan od Kafkinih „kineskih" paradoksa: *Ein Reiter ritt auf einem Waldweg...* Kratka parabolična priča „Najbliže selo" („Das Nächste Dorf"), jedina je u mom izboru koju je Kafka objavio za života, u knjizi *Seoski lekar* (Ein Landarzt), 1919, i počinje rečima *Mein Großvater pflegte zu sagen...* I poslednji poziv na odlazak posle kojeg možemo jedino da se vratimo (ali, jedini smisao svakog odlaska jeste izvesna tačka posle koje nam nema povratka): *Weg davon, weg davon, wir ritten durch die Nacht...*

Duga priča, str. 35
U izvorniku počinje rečima *Ich sehe einem Mädchen...*
U rukopisnoj ostavštini iz perioda: jesen 1916 – proleće 1918.

Nemoć, str. 36
U izvorniku počinje rečima *Gestern kam eine Ohnmacht zu mir...*
U rukopisnoj ostavštini iz perioda: jesen 1916 – proleće 1918.

Kad mu dojadiše mora, str. 37
U izvorniku počinje rečima *Poseidon war überdrüssig seiner Meere. Der Dreizack...*
U rukopisnoj ostavštini iz perioda: jesen 1916 – proleće 1918.
Vezuje se za parabolu koju je objavio Maks Brod pod naslovom „Posejdon" („Poseidon"). Na oba mesta na delu je demitologizacija.

Sančo Pansa i Don Kihot, str. 38
Kafka je prvi izneo jednostavnu, ali genijalnu ideju da je glavni lik Servantesovog dela zapravo Sančo Pansa, da je i Don Kihot samo Sančov izum, đavo kojeg je,

čitajući romane, isterao iz sebe i onda ga pratio u njegovim pustolovinama. Inače, u Kafkinoj biblioteci bio je primerak nemačkog prevoda Servantesovog romana. Miguel de Cervantes: *Leben und Taten des scharffsinnigen Ritters Don Quixote*, Minhen 1912, str. 800, delo anonimnog prevodioca iz 1837. godine, koje su potom redigovali Zoltau i Tik.

U rukopisnoj ostavštini najmanje četiri puta se Kafka vraćao *Don Kihotu*.

U periodu od 19. do 22. oktobra 1917. godine triput je pisao, aforistički i parabolički. I to počinje rečima: *Das Unglück Don Quichotes ist nicht seine Phantasie...* zatim *Sancho Pansa, der sich übrigens dessen nie gerühmt hat...* i *Eine der wichtigsten Don Quichotischen Taten...*

Četvrti put, već veoma bolestan, kao da je i on hteo da otputuje što dalje odande gde mu se „smeju", piše: *Don Quichote mußte auswandern, ganz Spanien lachte über ihn...*

O slikovitostima, str. 40

Ko je mudrac sa kojim počinje ova parabola o parabolama? Mogao bi biti Seren Kjerkegor, koga je Kafka intenzivno čitao i čija dela je imao u svojoj biblioteci. I sam Kjerkegor se prilično bavio pitanjem tumačenja parabola, i taj način govora zaokupljao je Kafku pošto mu je i sam bio veoma sklon. Preko Kjerkegora sam, međutim, došao do Hrista koji je jedino i govorio u parabolama. Govorio je kroz priče, putem slika. Ipak, ovu priču ne treba čitati u nekom teološkom ključu, pri čemu bismo lako došli do parabole o fariseju i cariniku koji odlaze u hram da se mole ili do priče o dva sina (za obe vid. *Jevanđelje po Luki* 18 : 9–14 i 15 : 11–32). Kako god, Kafka uvodi jedan suštinski paradoks (blizak Ludvigu Vitgenštajnu i njegovoj jezičkoj teoriji igre) u funkcionisanje odnosa između paraboličkog i stvarnog u životu, kao i u pisanju i čitanju.

U izvorniku, ovaj tekst iz ostavštine (iz poslednjeg razdoblja piščevog života, u plavoj *in octavo* svesci, nastao 1922. godine), kojem je Maks Brod dao naslov „Von den Gleichnissen", originalno počinje rečima *Viele beklagten sich, daß die Worte der Weisen immer wieder nur Gleichnisse seien...*

SNOVI

O SPAVANJU, BDENJU I SNOVIMA

Besana noć. Treća već uzastopno. Lepo zaspim, ali se posle jednog sata probudim, kao da sam glavu stavio u pogrešnu rupu. [...] I od tada, cele noći do tamo oko pet, spavam doduše, ali me jaki snovi istovremeno drže budnim. Doslovno, spavam pored sebe, dok se ja sam moram da nadbijam sa snovima. Oko pet nestaje i poslednji trag spavanja, samo sanjam, što je napornije od bdenja. Ukratko, celu noć provodim u stanju u kome je zdrav čovek uoči trenutka kad istinski zaspi. Kad se probudim, oko mene su sabrani svi snovi, ali se pazim da ne mislim na njih.

[2. oktobar 1911]

Da bih bio što teži, što smatram da je dobro da bi se zaspalo, prekrstio sam ruke a šake položio na ramena, tako da sam ležao kao pretovareni vojnik. Opet mi nije dopustila da zaspim snaga mojih snova koji zrače u budno stanje već pre nego što sam i zaspao. Uveče i ujutro ne mogu da sagledam svest o svojim stvaralačkim sposobnostima. Osećam se raskliman do dna svog bića i kadar sam da iz sebe izvučem štogod mi se ushte.

[3. oktobar 1911]

Svojoj želji da pišem autobiografiju svakako bih se odmah odazvao u trenutku kad se oslobodim kancelarije. [...] Ali, potom bi pisanje autobiografije bilo velika radost, pošto bi išlo lako poput zapisivanja snova [...].

[17. decembar 1911]

Ali, još sam pod uticajem spavanja i zato mi se neprestano javlja pred očima tvoj lik, kao da je čaroban, i pomišljam na mogućnost putovanja u Berlin.

[22/23. decembar 1912, F]

[...] neću čak ni da spavam, nego samo da sanjam.

[22/23. januar 1913, F]

Ne mogu da spavam. Samo snovi, ne i spavanje.

[21. jul 1913]

Moje spavanje je od vrste sastavljene od niza snova – izazvanih površnim, nimalo fantastičnim dnevnim mislima – koji su budniji i naporniji nego samo budno stanje.

[11. februar 1914][1]

Sagledana sa stanovišta literature, moja sudbina je sasvim jednostavna. Sklonost da prikazujem svoj snovima nalik unutrašnji život, potisnula je sve ostalo ustranu, pa je ono grozno zakržljalo i ne prestaje da kržlja. Ništa drugo ne bi moglo da me ikad učini zadovoljnim.

[6. avgust 1914]

Zašto porediš unutrašnji nalog s nekim snom? Čini li se i on kao ovaj besmislen, mimo konteksta, neizbežan, neponovljiv, koji neosnovano usrećuje ili uteruje strah, nesaopštiv kao celina, a podstiče na saopštavanje?

Sve je on to: – besmislen, jer samo ako ga ne sledim, mogu u njemu da opstanem; mimo konteksta, ne znam ko ga je naložio i na šta s njim smera; neizbežan, grabi me nepripremljenog i s jednakom nenadanošću kao snovi spavača, koji ipak kad legne da spava, mora računati da će ga snovi opsesti. On je neponovljiv, jednokratan, ili barem tako izgleda, jer ne mogu da mu se ne pokorim, ne meša se sa stvarnošću i time čuva svoju netaknutu jednokratnost; usrećuje ili plaši, bez ikakvog osnova, pri čemu je prvo, dabome, znatno ređe od drugog; nije saopštiv, jer nije dokučiv, a podstiče na saopštavanje iz istog razloga.

[7. februar 1918, O]

[...] pravi plen se hvata, ipak, tek duboko u noć, u drugom, trećem, četvrtom satu; ali, ako sad ne pođem najkasnije u ponoć na spavanje, u postelju, ja sam izgubljen, izgubljeni su mi noć i dan.

[26. avgust 1920, M]

Setio sam se ko sam, nikakvu obmanu više nisam video u Tvojim očima, obuzela me je strava iz snova (negde gde ne pripadate, ponašate se kao da ste kod kuće), ta strava me je obuzela usred jave, morao sam da se vratim u tamu, nisam mogao da izdržim na suncu [...].

[14. septembar 1920, M]

[...] Muka, to je plugom orati kroz spavanje – i kroz dan – a to se ne da podneti.

[Novembra 1920, M]

NOĆNI SNOVI I SNOVI PO DANU

U snu sam zamolio plesačicu Eduardovu da još jednom odigra čardaš. Posred lica joj je, između donjeg ruba čela i sredine donje vilice, prelazila široka pruga senke ili svetlosti. Neko je, gadnim kretnjama nehotičnog intriganta, upravo prilazio da joj kaže da voz samo što nije pošao. Po načinu kako je saslušala obaveštenje bilo mi je jezovito jasno da neće više igrati. „Ja sam zla i rđava žena, zar ne?" rekla je. Oh, ne, rekao sam, niste, i okretoh se da odem u proizvoljnom smeru.

———

Pre toga sam je pitao o mnogim cvetovima zataknutim za njen pojas. „Dobila sam ih od svih kneževa Evrope", rekla je. Razmišljao sam kakvog to ima smisla što su svi kneževi Evrope plesačici Eduardovoj poklonili te cvetove, sveže, zataknute za pojas.

[Otprilike maja 1909][2]

Prve noći u Pragu sam, verujem tokom cele noći, sanjao (spavanje je obavijalo taj san poput skele oko neke pariske nove građevine) da su me smestili na spavanje u neku ogromnu kuću, svu načinjenu od pariskih kočija, automobila, omnibusa itd., koji nisu ništa drugo imali da rade nego da se međusobno tesno mimoilaze, da voze jedni iznad i ispod drugih, i ni o čemu se drugom nije govorilo niti mislilo nego o cenovnicima, *correspondencama*, priključcima, napojnicama, o *direction Pereire*, lažnom novcu itd. Zbog takvog sna već nisam mogao da spavam, ali pošto nisam bio baš vičan u tim nezaobilaznim pitanjima, čak sam i to snevanje izdržavao uz najveći napor. U sebi sam jadikovao što su baš mene, kome je počinak posle putovanja bio tako neophodan, morali da smeste u takvu kuću, ali u meni je istovremeno postojao neki partijski drug koji je, uz preteći naklon, kako to čine francuski lekari (njima su radni mantili uvek zakopčani do grla), pristajao na neizbežnost ove noći.

[20. oktobar 1910][3]

Noćas me je pohodio užasan prizor slepog deteta nalik ćerki moje tetke iz Litomeržica, koja uostalom nema nijednu ćerku nego samo sinove, od kojih je jedan jedared slomio nogu. Postojale su, međutim, neke veze između tog deteta i ćerke dr Maršnera, koja je, kako sam nedavno uočio, na putu da se od lepuškastog deteta pretvori u debelu i cifrasto odevenu devojčicu. Tom slepom ili slabovidom detetu oba su oka bila prekrivena naočarima, pri čemu je levo, pod prilično udaljenim staklom naočara, bilo mlečnosivo i okruglo iskolačeno, a drugo je bilo utisnuto unutra i pokriveno staklom priljubljenim uz njega. Da bi to staklo bilo optički ispravno nameštено, bilo je potrebno, umesto uobičajenog držača oslonjenog o uho, primeniti polugu čija glava je mogla da se pričvrsti jedino na jagodičnoj kosti, tako da se od tog stakla spuštao štapić na obraz, pa nestajao u otvoru u tkivu i završavao na kosti, dok je odatle polazio drugi žičani štapić i vodio natrag do uha.

[2. oktobar 1911][4]

Noćašnji san, koji čak ni u zoru nisam smatrao da je lep, izuzmemo li mali komični prizor sastavljen od dve razmenjene reči, i koji je imao za učinak neizmerno uživanje u snu, ali koje sam zaboravio. Prolazio sam – pri tome ne znam da li Maks bio tu od samog početka – kroz dugačak niz kuća u visini prvog do 2. sprata, kao što se u vozovima ide iz vagona u vagon. Išao sam veoma brzo, možda i stoga što je kuća mestimično bila toliko ruševna pa sam već i zato hitao. Vrata između kuća nisam čak ni opažao, bila je to zapravo duga povorka soba, a ipak ste mogli raspoznati ne samo različitost pojedinačnih stanova nego i kuća. Možda su to bile samo sobe s krevetima kroz koje sam prolazio. Zapamtio sam tipičan krevet koji stoji postrani, levo od mene, uz tamni ili prljavi, možda kao u potkrovlju kosi zid, a na njemu tanak sloj posteljine, s prekrivačem, zapravo grubim lanenim čaršavom, izgužvanim nogama onoga koji je tu spavao, pa mu jedan kraj visi preko ivice. Stideo sam se što u vreme kad su mnogi ljudi u krevetu prolazim kroz njihove sobe, i zato sam išao na vrhovima prstiju, krupnim koracima, nadajući se da ću tako nekako pokazati da prolazim samo stoga što sam prisiljen, pa stupam obzirno i lagano, tako da moje prolaženje ne bi trebalo doslovno ni računati. Otuda u istoj sobi nisam nikad ni okretao glavu i video sam jedino ili ono što je stajalo desno, prema ulici, ili što je bilo levo, prema zidu u pozadini. Taj niz stanova često su prekidali bordeli, ali ja sam, uprkos tome što je izgledalo da sam zbog njih krenuo ovuda, naročito brzo prolazio kroz njih tako da nisam primećivao ništa osim da postoje. Ali, poslednja soba u svim tim stanovima opet je bio bordel, i ja tu ostadoh. Zid nasuprot vratima kroz koja sam ušao, dakle poslednji zid u tom nizu kuća, bio je ili od stakla ili gotovo sav provaljen, te bih se strovalio da sam produžio da idem. Verovatnije je čak da je bio provaljen, jer su na ivici poda ležale devojčure, a dve sam razgovetno video na tlu, od kojih je jednoj glava visila, nešto preko ruba, u vazduhu. Levo je bio čvrst zid, dok zid desno nije bio ceo, pa ste mogli gledati u dvorište, iako ne baš do zemlje, a nesigurno sivo stepenište vodilo je dole u više odseka. Sudim li po osvetljenosti sobe, tavanica je bila kao i u drugim sobama. Ja sam se uglavnom bavio devojčurom kojoj je glava visila, a Maks onom levom koja je ležala pored nje. Opipavao sam joj noge i potom se zadržao na tome da joj u pravilnim razmacima pritiskam butine. Pri tom je moje zadovoljstvo bilo toliko da sam se čudio što se za ovo razgaljivanje, koje je upravo i bilo najlepše, ne mora još ništa da plati. Bio sam uveren da varam i da jedino ja varam svet. Onda je, ne pomerajući noge, devojčura podigla gornji deo tela i okrenula mi leđa koja su, na moj užas, bila prekrivena velikim krugovima u crvenoj boji pečatnog voska sa sve bleđim obodom, a među njima rasejane crvene tačkice. Sad opazih da joj je takvo celo telo i da svoj palac na njenim bedrima držim na takvim mrljama, pa i da su na mojim prstima te crvene čestice koje kao da su od smrvljenog pečata. Ustuknuo sam i našao se među nekolicinom ljudi koji kao da su čekali pored zida nadomak početka stepeništa na kojem je bio izvestan promet. Čekali su onako kako ljudi na selu u nedeljno jutro stoje okupljeni na pijaci. Stoga je i bila nedelja. Tu se i odigrao komični prizor tako što se jedan čovek, od koga smo ja i Maks imali razloga da strepimo, udaljio i onda popeo stepenicama, prišao mi i, dok smo ja i Maks sa strahom očekivali neku užasnu pretnju, postavio mi neko smešno jednostavno pitanje. Potom sam stajao tamo i zabrinuto gledao kako Maks bez straha sedi u tom lokalu, negde ulevo, na zemlji, i kusa gustu čorbu od krompira iz koje su se krompiri pomaljali kao velike kugle, među kojima se jedna isticala. On ih je utiskivao kašikom u čorbu, možda i dvema kašikama, ili ih je naprosto komešao.

[9. oktobar 1911][5]

Danas sam sanjao magarca nalik hrtu, izvanredno suzdržanih pokreta. Pažljivo sam ga posmatrao, jer sam bio svestan da je pojava retka, ali sam zadržao samo sećanje da mi se njegova uska ljudska stopala zbog izduženosti i jednoobraznosti nisu dopala. Ponudio sam mu sveže, tamnozelene rukoveti čempresa, koje sam upravo dobio od neke postarije ciriške dame (sve se to odigravalo u Cirihu), ali nije ih hteo, samo ih je ovlaš onjušio; ali, kad sam mu ih zatim ostavio na stolu, on je tako proždrljivo navalio na njih da je naposletku ostalo samo neko, jedva prepoznatljivo jezgro nalik kestenu. Kasnije je bilo govora o tome da taj magarac još nikad nije išao na sve četiri, nego da se uvek drži uspravno kao čovek i pokazuje svoje srebrnaste blistave grudi i stomačić. Ali, zapravo to nije bilo tačno.

Osim toga, sanjao sam nekog Engleza koga sam upoznao na jednom skupu sličnom skupu Vojske spasa u Cirihu. Onde su bile klupe kao u školi, ispod ploče za pisanje bila je, naime, još i otvorena pregrada; kad sam jedared krenuo da nešto sredim u njoj, začudih se kako se na putovanju lako sklapaju prijateljstva. Time sam očevidno pomislio na Engleza, koji mi je ubrzo potom prišao. Odelo mu je bilo svetlo, veoma dobro očuvano, samo što je pozadi na nadlakticama, umesto tkanine od koje je odelo ili barem da je prišivena preko nje, bila neka siva, naborana, donekle mlohava, prugasto iskrzana tkanina, kao da su je paukovi istačkali, i koja je podsećala podjednako na kožne umetke na jahaćim pantalonama i na štitnike koje preko rukava navlače švalje, prodavačice i činovnice.

Lice mu je takođe bilo pokriveno sivom tkaninom na kojoj su umešno izrađeni otvori za usta, oči i, verovatno, za nos. Ova je tkanina, međutim, bila nova, neistrošena, nalik više flanelu, veoma prilagodljiva i meka, izuzetan engleski proizvod. Meni se sve to tako dopalo da sam žudeo da se upoznam sa čovekom. Hteo je da me pozove i u svoj stan, ali to je otpalo pošto sam već preksutra morao da otputujem. Pre nego što je napustio skup, navukao je još nekoliko, očito vrlo praktičnih odevnih predmeta koji su ga, pošto ih je zakopčao, učinili sasvim neupadljivim. Premda nije mogao da me pozove kod sebe, zatražio je ipak da iziđem s njim na ulicu. Pođoh za njim, naspram lokala u kojem se održavao skup zastali smo na ivici pločnika, ja dole, on gore, i posle nekoliko trenutaka provedenih u razgovoru opet smo utvrdili da od poziva ne može biti ništa. Onda sam sanjao da Maks, Oto i ja imamo običaj da kofere pakujemo tek na stanici. Tamo bismo, recimo, nosili košulje kroz glavnu staničnu halu do svojih udaljenih kofera. Iako je to izgledalo kao opšti običaj, nama to nije polazilo za rukom, naročito stoga što smo s pakovanjem počinjali tik pred nailazak voza. Onda bismo, naravno, bili uzbuđeni i jedva smo mogli da se nadamo da ćemo još stići do voza, a ne i da ćemo zauzeti dobra mesta.

[29. oktobar 1911][6]

[...] prekjuče sanjao: ništa osim pozorišta, jedared gore na galeriji, drugiput na pozornici, igrala je devojka, za kojom sam žudeo pre nekoliko meseci, napinjala svoje gipko telo dok se prestrašena pridržavala za naslon stolice; s galerije sam pokazivao na devojku, koja je glumila neku mušku ulogu, ali mom pratiocu se nije dopala. U jednom činu je dekor bio toliki da se ništa drugo nije videlo, ni pozornica, ni gledalište, ni tama, ni svetlost s rampe; uz to, sve gledaoci su u ogromnim masama bili na sceni, koja je predstavljala Starogradski trg, gledan verovatno s početka Niklasove ulice. Premda se zbog toga prostor pred zvonikom Većnice i Mali trg ne bi zapravo nikako mogli videti, ipak je to postignuto pomoću kratkih okreta i laganog pomeranja poda pozornice, tako da se, recimo, Mali trg video kao da stojite kod palate Kinskih. Ovo je bilo bez ikakve svrhe osim da se, po mogućstvu, sagleda ukupan dekor kad je već tu jednom postavljen u takvom savršenstvu i pošto bi bilo da plačete nad štetom kad nešto ne bi bilo viđeno od tog dekora koji je, čega sam bio potpuno svestan, bio najlepši dekor na celoj zemlji i za sva vremena. Tamni, jesenji oblaci su davali ton osvetljenju. Svetlost prigušenog sunca bi blesnula na ovom ili onom obojenom prozorskom oknu na jugoistočnoj strani kod Većnice. Pošto je sve to bilo izvedeno u prirodnoj veličini i bez greške ma i u najmanjoj pojedinosti, stvaralo je dirljiv utisak kad je blag vetar otvarao i zatvarao prozorska krila, a da se zbog znatne visine kuća nije čuo ni najmanji zvuk. Trg je bio veoma nagnut, kaldrma gotovo crna, Tinska crkva bila je na svom mestu, ali je pred njom bio mali carski dvorac u čijem predvorju su se nalazili, okupljeni u strogom poretku, spomenici koji su inače stajali na trgu: Marijin kip, stari vodoskok pred Većnicom, koji lično nisam nikad video, vodoskok pred Niklasovom crkvom i daščana ograda, sad podignuta oko mesta na kojem se kopaju temelji za postavljanje spomenika Husu. Prikazivani su – gledaoci često zaboravljaju da se to samo prikazuje, a kako je tek na pozornici i usred ovih kulisa – jedna carska svečanost i jedna revolucije. Revolucija je u tako divovskim razmerama, sa ogromnim masama naroda upućivanim uz i niz trg, da se verovatno nikad nije ni odigrala u Pragu; očito je samo zbog dekora premeštena u Prag, dok je zapravo spadala u Pariz. Od svečanosti se u početku ništa nije videlo, ali dvor je u svakom slučaju izišao na svečanost, i u međuvremenu je izbila revolucija, narod je prodro u dvorac, ja lično sam istrčao pravo napolje preko ispusta vodoskoka u predvorju, pri čemu je dvoranima trebalo onemogućiti povratak u dvorac. Uto iz Železne ulice iskrsnuše dvorska kola u tako mahnitoj vožnji da su morala da koče daleko pre dvorske kapije i zakočenih točkova klizala su preko kaldrme. Bila su to kola kakva se vide na narodnim svetkovinama i svečanim povorkama, i na kojima se postavljaju žive slike, bila su dakle ravna, okićena vencem cveća, a s njihove platforme je unaokolo visilo obojeno platno i prekrivalo točkove. Utoliko smo svi bili svesniji užasa na koji je ukazivala njihova žurna vožnja. Konji koji su se propeli pred ulaznom kapijom, kao da su ih umrtvljeni vukli lukom od Železne ulice do dvorca. Mnogi ljudi su upravo navirali pored mene na trg, većinom gledaoci, koje sam poznavao sa ulice i koji su možda upravo sad prispeli. Među njima je bila i jedna devojka koju sam znao, ali ne znam koja; pored nje je išao mlad elegantan muškarac u žutosmeđem pepita ogrtaču, koji je desnu ruku zavukao duboko u džep. Išli su prema Niklasovoj ulici. Od tog trenutka nadalje, nisam više ništa video.

[9. novembar 1911][7]

Danas u podne, pre nego što ću zaspati – ali nisam čak ni zaspao – na trupu mi je ležala žena od voska. Lice joj je bilo nad mojim, levom podlakticom pritiskala mi je prsa.

[16. novembar 1911]

San: U pozorištu. Predstava Šniclerove *Prostrane zemlje*, u Uticovoj obradi. Sedim daleko napred na klupi, verujem da sedim u prvom redu, dok se naposletku ne pokaže da je to drugi red. Naslon klupe je okrenut put pozornice tako da udobno mogu da vidim gledalište, a pozornicu tek kad se obrnem. Autor je negde blizu, a ja ne mogu da se suzdržim da ne iskažem svoje loše mišljenje o komadu, koji očigledno već poznajem, ali zato domećem da bi treći čin trebalo da bude duhovit. Ovim „trebalo" hoću opet da kažem da ja, ako je reč dobrim mestima, komad ne poznajem i da moram da se oslonim na ono što sam čuo da se govori; zato tu napomenu još jednom ponavljam, ne samo za sebe, ali drugi na to ipak ne obraćaju pažnju. Oko mene je velika gužva, svi su, izgleda, došli u zimskoj odeći, pa zauzimaju previše mesta. Ljudi oko mene, i iza mene, koje ne vidim, obraćaju mi se, pokazuju mi pridošlice, navode imena, posebno mi ukazuju na bračni par što se gura duž celog jednog reda stolica, pošto žena ima tamnožuto, muškaračko, dugonoso lice i, povrh toga, u meri u kojoj se to može videti u gužvi iz koje strči njena glava, nosi mušku odeću; pored mene, primetan, stoji glumac Levi, ali ni nalik onom pravom, i drži usplahirene govore u kojima se ponavlja reč „principium", a ja očekujem izraz „tertium comparationis", koji nikako da naiđe. U jednoj od loža na drugom nivou, zapravo u jednom kutku galerije, desno od pozornice, koja se na tom mestu priključuje ložama, stoji neki treći sin porodice Kiš, iza majke koja sedi, i govori u pozorištu, obučen u divan redengot s raširenim peševima. Levijevi govori se odnose na te govore. Između ostalog, Kiš pokazuje visoko gore, na jedno mesto na zavesi, i kaže da tamo sedi nemački Kiš, a time misli na mog školskog druga koji je studirao germanistiku. Kad se zavesa podiže, pozorište počinje da se mrači, i Kiš bi kako god bilo nestao, te da bi to učinio jasnijim, on sa svojom majkom ide popreko galerije i odlazi, jako raširenih ruku, peševa i nogu. Pozornica je niža od gledališta, pa gledamo nadole, s bradom na naslonu. Dekor se uglavnom svodi na dva niska i debela stuba nasred pozornice. Prikazuje se gozba u kojoj sudeluju devojke i mladići. Malo šta mogu da vidim, jer iako su, kad je komad počeo, mnogi ljudi upravo iz prvog reda očito otišli iza pozornice, pogled mi ometaju devojke koje su ostale, svojim velikim i plitkim, većinom plavim šeširima koji se njišu celom dužinom klupe. Ipak, veoma jasno vidim na pozornici nekog malog dečaka, tako od desetak do petnaest godina starog. Kosa mu je suva, očešljana na razdeljak, ravno podšišana. On ne ume čak ni salvetu da stavi na krilo kako valja, pa u tu svrhu mora pomno da obara pogled, a u komadu treba da igra kao nekog svetskog čoveka. Pošto sam to opazio, nemam više neko veliko poverenje u ovo pozorište. Društvo na pozornici očekuje sad razne pridošlice koji iz prvih redova u gledalištu silaze na pozornicu. Ali, komad nije čak ni valjano uvežban. Pojavljuje se, tako, glumica Hakelberg, a neki glumac joj se, onako velikosvetski zavaljen u fotelju, obraća sa „Hakel", onda primeti pogrešku i ispravlja se. Sad se pojavljuje devojka, koju poznajem (zove se Frankel, valjda), penje se upravo kod mog sedišta preko naslona, leđa su joj, dok silazi, sasvim gola, koža joj nije baš čista, nad desnim bedrom čak joj je neko raščešano, krvlju podliveno mesto veličine ovećeg dugmeta. Međutim, kad se na pozornici okrene i stoji čista lica, onda veoma dobro igra. Tad neki raspevani konjanik treba iz daljine da se primakne u galopu, klavir oponaša toptanje potkovica pre nego što se začuje burna pesma koja se približava, konačno vidim i pevača koji, da bi pesma sve raskliktanija s primicanjem delovala što prirodnije, trči po galeriji do pozornice. Još nije ni dospeo do pozornice, pa ni pesmu nije dovršio, a ipak je već dostigao najveću brzinu i najviši stepen razvikanosti u pesmi, te ni klavir ne može više jasnije oponašati lupanje potkovica o kamenje. Otuda oboje popuštaju, i pevač prilazi mirno pevajući, samo što se toliko smanjio da mu tek glava viri iznad ograde galerije, pa niko ne može ni da ga jasno uoči. Time je prvi čin završen, ali se zavesa ne spušta, i pozorište je i dalje u mraku. Na pozornici sede 2 kritičara i pišu, oslonjeni leđima o dekor. Neki dramaturg ili reditelj s plavom zašiljenom bradom skakutavo izlazi na pozornicu, i još u trku ispruža ruku da bi nešto naredio; u drugoj ruci nosi grozd, koji je do maločas, tokom gozbe, ležao u činiji za voće, i jede s njega. Ponovo okrenut gledalištu, vidim da je osvetljeno jednostavnim petrolejskim fenjerima, koji kao na ulicama vise obešeni o jednostavne kandelabre i sad, razumljivo, prilično slabo gore. Odjednom, valjda zbog nečistog petroleja ili oštećenog mesta na fitilju, svetlost prska iz jednog od takvih fenjera i varnice se u širokom mlazu raspršavaju po gledaocima koji se ne mogu pogledom razaznati nego obrazuju masu crnu kao zemlja. Onda neki gospodin ustaje iz te mase, ide doslovno po njoj put fenjera, očigledno bi da sredi stvar, ali isprva gleda uvis ka fenjeru, ostaje tako trenutak pored njega i, kad se ništa ne dogodi, mirno se vraća na svoje mesto, u koje tone. (Ja se zamenjujem s njim i obaram lice u crnoću.)

[19. novembar 1911][8]

San o slici, navodno Engrovoj. Devojke u šumi, ogledajući se u hiljadu ogledala, ili zapravo: device itd. Slično grupisane i vazdušasto odevene kao na zavesama u pozorištu, desno na slici bila je zbijenija grupa, a levo, sedele su i ležale na divovskoj grani ili na nekoj letećoj traci ili lebdele sopstvenom snagom u povorci koja se lagano uzdizala put neba. A onda, ogledale su se ne samo prema posmatraču, nego i od njega, bivale su nejasnije i mnogostrukije; ono što je oko gubilo na pojedinostima, dobijalo je na obilju. Ali, u prednjem planu je, netaknuta ogledanjem, stajala naga devojka, oslonjena o nogu, sa isturenim bedrom. Pred tom figurom mogli ste da se divite Engrovoj crtačkoj umetnosti, samo što sam ja zapravo uživajući smatrao da je na toj devojci preticalo stvarne nagosti i za čulo pipanja. S nekog mesta, koje je ona zaklanjala, izbijao je tračak žućkastoblede svetlosti.

[20. novembar 1911][9]

Iznuren nisam pisao, nego sam se naizmenično izležavao na kanabetu u zagrejanoj i u hladnoj sobi, bolnih nogu i snevajući ružne snove. Neki pas mi je bio pručen po telu, sa šapom nadomak lica, i od toga sam se probudio, ali sam se još delić vremena plašio da otvorim oči i da ga pogledam.

[13. decembar 1911]

Pre nego što sam juče zaspao, pred oči mi je izišla, nalik brdu, nacrtana grupa ljudi, izdvojena u vazduhu, i što mi je, po korišćenoj crtačkoj tehnici, izgledalo kao nešto potpuno novo i, kad je tehnika već pronađena, lako izvodljivo. Oko stola okupilo se društvo, zemljano tlo se pružalo nešto dalje od ljudskog kruga, ali od svih ljudi trenutno sam video, gledajući uz silan napor, samo starinski odevenog mladića. Levom rukom se naslonio na sto, ruka mu je ovlašno visila nad licem koje je veselo okrenuo ka nekom ko se zabrinuto ili upitno naginjao nad njega. Telo mu je, naročito desna noga, bilo mladalački nemarno ispruženo, više je ležao nego sedeo. Dva razgovetna para linija, ocrtavajući obris nogu, ukrštala su se i lako nadovezivala na granične linije tela. Bezmalo lišena telesne punoće, između tih linija isticala se bledo obojena odeća. Zadivljen tim lepim crtežom, koji mi je u glavi izazvao neku napetost, po mom uverenju istu onu, i to trajnu napetost koja je, kad god sam hteo, mogla voditi olovku u ruci, prinudio sam sebe da izidem iz tog sutonskog stanja kako bih bolje mogao da promislim crtež... Tada se, jasno, brzo pokazalo da nisam zamislio ništa drugo nego grupicu od sivobelog porculana.

[16. decembar 1911]

Skorašnji san: Sa ocem sam se vozio tramvajem kroz Berlin. Velegradsko okruženje bilo je predstavljeno mnogobrojnim rampama, ravnomerno uzdignutih, ofarbanih u dve boje, na krajevima zaobljenih. Inače je gotovo svuda bilo pusto, ali metež tih rampi bio je velik. Dođosmo pred neku kapiju, siđosmo a da to nismo ni osetili, stupismo kroz kapiju. Iza kapije se dizao veoma okomit zid, uz njega se otac uzverao gotovo kao da pleše, noge su mu naprosto letele, tako mu je lako bilo. Sigurno je bilo i izvesne bezobzirnosti što mi uopšte nije pomogao, jer sam se ja uspinjao s najvećim naporom, na sve četiri, često promašujući, kao da je zid poda mnom postao okomitiji. Pri tome je bilo mučno i što je bio prekriven ljudskim izmetom, tako da mi je ostajao zalepljen prvenstveno po grudima. Gledao sam ga pognutog lica i prelazio rukom preko njega. Kad sam konačno bio gore, istog trena moj otac, koji je već izlazio iz unutrašnjosti nekog zdanja, polete prema meni, zagrli me, poče ljubiti i privijati uz sebe. Bio je odeven u, iz mog sećanja dobro mi poznati staromodni, kratki redengot, iznutra postavljen kao kakva sofa. „Taj doktor fon Lajden! Pa on je izuzetan čovek", neprestano je uzvikivao. Uopšte ga, međutim, nije posetio kao lekara nego samo kao čoveka dostojnog da se upozna. Pribojavao sam se da ću i ja morati da uđem kod njega, ali otac to nije tražio od mene. Levo iza sebe, u sobi koja je bila doslovno ograđena sve samim staklenim zidovima, video sam čoveka koji sedi meni okrenut leđima. Pokazalo se da je taj čovek profesorov sekretar, da je moj otac govorio zapravo samo s njim, a ne s profesorom lično, ali da je nekako, putem sekretara, živo upoznao profesorove vrline, te je u svakom pogledu imao prava da sudi o profesoru, baš kao da je lično razgovarao s njim.

[6. maj 1912][10]

Sanjam da slušam kako Gete recituje, beskonačno slobodno i samovoljno.

[10. jul 1912][11]

San: Društvo poklonika vazdušnog lečenja uništava sebe putem tuče. Pošto se društvo podeljeno u dve grupe šalilo među sobom, istupi neko iz jedne od grupa i dovikne drugoj: „Lustron i Kastron!" Oni drugi: „Je l' tako? Lustron i Kastron?" Onaj prvi: „Svakako." Početak tuče.

[15. jul 1912][12]

Kad sam danas po podne ležao u krevetu, a neko brzo okrenuo ključ u bravi, na trenutak imadoh brave po celom telu kao na nekom kostimiranom balu i u kratkim vremenskim razmacima neko mi je otključavao ili zaključavao sad ovu sad onu bravu.

[30. avgust 1912]

San: Nalazio sam se na kopnenom jezičku, sagrađenom od tesanog kamena, a koji je zalazio daleko u more. Sa mnom je bio neki čovek, ili više njih, ali svest koju sam imao o sebi bila je tako snažna da jedva da sam išta više znao o njima osim da im govorim. Sećam se jedino podignutih kolena nekog koji je sedeo pored mene. Isprva u stvari nisam znao gde sam, tek kad sam jedared slučajno ustao, ugledao sam levo pred sobom i desno iza sebe prostrano, jasno ocrtano more, s mnogim ratnim brodovima, čvrsto ukotvljenim u redovima. Desno se video Njujork, bili smo u njujorškoj luci. Nebo je bilo sivo, ali ravnomerno svetlo. Odasvud izložen vazduhu, nesputano sam se okretao na svom mestu tamo i amo, da bih sve mogao da vidim. Prema Njujorku, pogled se donekle spuštao, prema moru se dizao. Sad sam opazio i da se na vodi pored nas dižu visoki talasi, i da se tu odvija izuzetno živ saobraćaj, stran mi po izgledu. Sećam se jedino da su, umesto naših splavova, ovde dugačka stabla bila povezana u divovski okrugli svežanj koji je, tokom plovidbe, površinom gde su bila prerezana neprestano izranjao više ili manje, zavisno od visine talasa, a pri tome se još i po svojoj dužini valjao vodom. Seo sam, privukao noge, podrhtavajući od zadovoljstva, doslovno sam od uživanja urastao u tle i rekoh: Pa to je još zanimljivije od saobraćaja na pariskim bulevarima.

[11. septembar 1912][13]

Pretprošle noći sam Te drugi put sanjao. Poštar je doneo dva Tvoja preporučena pisma i pružio mi ih, držeći u svakoj ruci po jedno, krajnje preciznim pokretom mišica koje su se trzale kao klipovi u parnoj mašini. Bože, pisma su bila čarobna. Koliko god da sam ispisanih listova izvlačio iz omotnica, one se nisu praznile. Stajao sam nasred nekog stepeništa i bio sam prinuđen, ne uzmi mi za zlo, da pročitane listove bacam po stepenicama ako sam hteo da ostala pisma izvadim iz omotnica. Celo stepenište, naviše i naniže, bilo je pokriveno debelim slojem tih pročitanih pisama, i ta ovlaš nabacana hartija, ugibajući se, strašno je šuštala.

[17. novembar 1912, F][14]

Najmilija, svakako sam Te danas sanjao sve vreme dok sam spavao, ali sećam se samo dva sna. Odmah po buđenju, uprkos velikom otporu, uložio sam znatan napor da ih zaboravim, jer su u njima bile nametljivo i suviše jasno strašne istine koje inače nisu kadre da ikad prodru u zamućeno svakodnevlje. Ispričaću ih tek površno i ukratko, premda su bili veoma zamršeni i puni potankosti čiju pretnju još osećam u sebi. Prvi je povezan s Tvojom napomenom da možete telegrafisati direktno iz ustanove u kojoj si zaposlena. I ja sam, dakle, mogao da telegrafišem direktno iz svoje sobe, aparat je čak stajao pored mog kreveta, valjda onako kako ti uobičavaš da primakneš sto uz krevet. Bio je to neki naročiti, bodljikavi aparat, i ja sam se bojao telegrafisanja kao što se bojim telefoniranja. Ali, morao sam da Ti telegrafišem zbog neke prevelike zabrinutosti za Tebe, a i zbog neke divlje žudnje, koja me je svakako i podigla iz postelje, da istog trena dobijem vesti o Tebi. Srećom, tu je odmah bila moja najmlađa sestra, i ona je, umesto mene, počela da telegrafiše. Tako me moja zabrinutost za Tebe čini domišljatim, nažalost samo u snu. Aparat je bio tako konstruisan da je samo trebalo pritisnuti neko dugme i smesta bi se na papirnim vrpcama pojavljivao odgovor iz Berlina. Sećam se kako sam sleđen od napetosti gledao u vrpcu koja se odmotavala, isprva sasvim prazna, pošto se drugo i nije moglo očekivati, jer dok te u Berlinu nisu pozvali do aparata, nije ni mogao stići ikakav odgovor. Kakva me je radost obuzela kad su se na vrpci pojavili prvi slovni znaci; kako pamtim, zapravo je trebalo da padnem iz kreveta od jačine te radosti. Onda je počelo da izlazi pravo pismo koje sam mogao potpuno da pročitam, i čijeg većeg dela bih čak i sad možda mogao da se setim ako bi mi do tog bilo stalo. Kazaću tek toliko da sam u njemu bio grđen zbog svoje uznemirenosti, ali na neki mio način koji usrećava. Nazvan sam „nezasitim" i nabrajana su pisma i dopisnice koja sam dobijao u poslednje vreme, ili koja su upravo bila na putu.

U drugom snu si bila slepa. Berlinski Internat za slepe organizovao je zajednički izlet u selo u kojem sam letovao sa svojom majkom. Mi smo stanovali u kućici od drveta, čijih se prozora tačno sećam. Kućica se nalazila usred velikog imanja koje se pružalo nekom padinom. Gledano iz kućice, levo je bila staklena veranda u kojoj je bio smešten veći deo slepih devojaka. Znao sam da si Ti među njima i glava mi je bila puna nejasnih planova kako da udesim da Te sretnem i s Tobom porazgovaram. Hiljadu puta sam izlazio iz naše kućice, prelazio preko daske koja je pred vratima bila položena na močvarni komadić tla, i neprestano bih se, neodlučan, vraćao a da Te nisam video. I moja majka je besciljno tumarala okolo, u veoma prostoj haljini, nekoj vrsti monaške odežde, s rukama položenim na grudima, mada ne baš prekrštenim. Polagala je pravo na to da joj slepe devojke čine razne usluge i u tom pogledu posebno je izdvajala devojku u crnoj haljini, okruglog lica, ali koje je bilo unakaženo dubokim ožiljkom, kao da joj je nekad obraz bio rastrgnut. Majka ju je preda mnom pohvalila zbog njene razboritosti i uslužnosti, i ja sam naročito zastao i pogledao je, ali sam mislio samo na to da je ona Tvoja drugarica i da će svakako znati gde bi Te čovek mogao naći. Odjednom je sav taj srazmeran mir bio prekinut, možda je bio dat znak za polazak, u svakom slučaju trebalo je da Internat krene dalje. Ali, tad je i moja odluka pala i potrčao sam niz padinu, prošao kroz neka mala vrata probijena u zidu, pošto sam poverovao da vidim da će se tuda odvijati odlazak. Dole sam zaista zatekao male slepe dečake s njihovim učiteljem, postrojene u redove. Išao sam za njima i vraćao se, jer sam mislio da će sad ceo Internat naići, te da ću Te lako naći i moći da ti se obratim. Sigurno sam se tu nešto duže zadržao, a i propustio da se raspitam o rasporedu odlaska, i izgubio vreme dok sam gledao kako neko slepo dojenče – u Internatu su bila zastupljena baš sva starosna doba – raspovijaju na kamenom postamentu i opet ga povijaju. Ali, najzad mi se posvudašnja tišina učini sumnjivom i kod jednog učitelja sam se raspitao zašto ne dolaze ostali pitomci Internata. Na svoj užas saznadoh da odavde treba da krenu samo mali dečaci, dok se svi ostali upravo u tom času udaljavaju kroz drugi izlaz, sasvim gore na bregu. Da bi me utešio, još mi reče – viknu za mnom, jer sam već trčao kao sumanut – da bih još mogao da stignem na vreme, budući da grupisanje slepih devojaka, naravno, iziskuje više vremena. Potrčao sam, dakle, sad uz neobično strm i suncem obasjan put uzbrdo, duž nekog golog zida. U ruci mi se odjednom našao ogroman austrijski zakonik, koji sam nosio s velikim naporom, ali on je na neki način trebalo da mi bude od pomoći da Te nađem i s tobom pravilno razgovaram. Na putu mi je, međutim, palo na pamet da si Ti slepa, pa da stoga moj izgled i moje spoljašnje ophođenje na sreću ne mogu uticati na utisak koji ću na Tebe ostaviti. Pošto sam to zaključio, najradije bih odbacio zakonik kao nepotrebno breme. Konačno sam se popeo gore, i stvarno je još bilo vremena napretek: prvi par još nije ni napustio ulazno predvorje. Zaustavio sam se, dakle, spreman i videh Te već u duhu kako se približavaš u metežu devojaka, oborenih očiju, ukrućena i tiha.

[7/8. decembar 1912, F][15]

Sad uvek po pravilu spavam do četvrt do 9 i tačno sam naložio da me danas probude već u 7 sati, pa sam i probuđen u 7 kako sam prilikom konačnog buđenja u četvrt do 9 kroz izmaglicu mogao da se setim. Ali, to naručeno buđenje nije mi smetalo više od mojih sad razjareno jasnih snova. (Juče sam, recimo, vodio besan razgovor s Paulom Ernstom, padao je udarac za udarcem; on je ličio na Feliksovog oca. Od sutra će on pisati dnevno po dve priče.)

[Verovatno 16. novembra 1912, B][16]

Da li treba da ti još ispričam onaj stari san? Pa zašto stari, kad Te ipak sanjam skoro svake noći? Zamisli samo, noćas sam s Tobom proslavljao veridbu. Izgledalo je užasno, užasno neverovatno, a nisam ni previše od toga zapamtio. Celo društvo je sedelo u nekoj polumračnoj sobi, za dugačkim drvenim stolom, na čijoj crnoj ploči nije bilo nikakvog stolnjaka. Sedeo sam u dnu stola među nepoznatim ljudima, a Ti si stojala uspravno, prilično daleko od mene, više gore i ukoso prema meni. Obuzet žudnjom za Tobom, spustio sam glavu na sto i vrebajući Te motrio. Tvoje oči, uperene na mene, bile su tamne, a u sredini svakog oka bila je tačka koja je blistala poput vatre i zlata. Onda mi se san raspršio i ja sam primetio kako je devojka koja poslužuje iza leđa gostiju kašikom probala neko žitko jelo, spremno za serviranje u smeđim čancima, i opet kašiku vratila u to jelo. Zbog toga sam se krajnje razbesneo i odveo devojku – sad se ispostavilo da se sve to odigrava u nekom hotelu i da je devojka hotelska nameštenica – dole, u ogromne hotelske kancelarije, gde sam merodavnom osoblju izneo žalbu na račun devojčinog ponašanja, ali time nisam, uostalom, mnogo postigao. Potom se san rastočio u bezmerna putovanja i bezmerna hitanja. Šta kažeš na to? A onaj stari san mi je zapravo ostao još jasnije u glavi nego ovaj, ali neću više da ti ga danas ispričam.

[3/4. januar 1913, F][17]

Veoma je kasno, Najmilija, a ipak idem na spavanje iako to nisam zaslužio. I naravno, neću ni spavati, nego samo sanjati. Kao juče, recimo, kad sam u snu odjurio na neki most ili do ograde na keju, zgrabio telefonsku slušalicu nalik paru školjki, koja je tamo slučajno ležala na nasipu, i prislonio je uz uho, ne žudeći da išta drugo čujem osim vesti o „Pontusu", ali iz telefona nisam ama baš ništa mogao da čujem do žalosnog, silovitog pevanja bez reči i šum mora. Jasno sam shvatao da ljudski glasovi ne bi bili kadri da prodru kroz te zvuke, ali ja nisam odustajao niti odlazio.

[22/23. januar 1913, F]

Tek što si mi opisala naš susret u Berlinu, a ja sam ga već sanjao. Bio je to raznolik san, ali jedva da bih mogao nešto više i jasnije o njemu da kažem; od njega mi je ostalo još samo opšte osećanje neke mešavine sreće i žalosti. Da, šetali smo i ulicama, okolina je primetno nalikovala Starogradskom trgu u Pragu, bilo je oko 6 sati uveče (mogućno je da je to bilo i stvarno vreme sna), doduše nismo išli ruku pod ruku, ali smo jedno drugom bili još bliže nego da smo išli ruku pod ruku. O, Bože, kako je teško na hartiji opisati to što sam otkrio, da idem ne ruku pod ruku, ne upadljivo, a ipak sasvim blizu Tebe; onda, kad smo prelazili preko Prokopa, mogao sam da Ti to pokažem, ali tada nismo mislili na to. Ti si upravo žurila u hotel, a ja sam se spotakao o rub pločnika na dva koraka od Tebe. Kako bih, dakle, trebalo samo da opišem kako smo išli u snu! Dok idemo naprosto ruku pod ruku, ruke nam se samo na dva mesta dodiruju, i svaka za sebe zadržava svoju samostalnost, a naša ramena su se dodirivala i ruke su celom svojom dužinom ležale jedna uz drugu. Ali, čekaj, nacrtaću. Veza ruku pod ruku je ovakva: A mi smo išli ovako:

[11/12. februar 1913, F][18]

Prozor je bio otvoren, četvrt sata neprekidno zanesen svojim raštrkanim mislima iskočio sam kroz prozor, a onda su naišli tramvaji, jedan za drugim prelazili su preko moga tela prućenog po šinama, produbljujući i proširujući dva reza na vratu i na nogama.

[28. mart 1913, F][19]

Pretprošle ili natprošle noći sanjao sam bez prestanka zube; nisu to bili zubi uredno usađeni u vilice, nego čitava gomila uzglobljenih zuba – kao u dečjim igrama s kuglicama koje treba provesti kroz lavirint do njihovih gnezda – i koji su, nadolazeći jedan ispod drugog, ispadali iz mojih čeljusti. Upregao sam svu snagu da bih izgovorio nešto što mi je pre svega ostalog ležalo na srcu; kretanje tih zuba, razmaci između njih, njihov škrgut, osećaj kad ih obrćem – sve je to bilo u nekoj strogoj vezi s jednom mišlju, jednom odlukom, jednom nadom, jednom mogućnošću, koju sam hteo da dokučim, održim, ostvarim, putem tog neprestanog grizenja. Uložio sam toliki napor da mi je to pokatkad izgledalo mogućno, pokatkad sam mislio da sam bio usred uspeha, a kad sam naposletku morao da se rano probudim, dok su mi oči još bile poluotvorene, izgledalo mi je da je sve uspelo, da naprezanje tokom cele noći nije bilo uzaludno, te da konačan, nepromenljivi raspored zubâ nesumnjivo ima neko srećno značenje, i bilo mi je neshvatljivo da to nisam davno spoznao tokom noći, ma koliko da je to bilo beznadno, pretpostavljam, da jasni snovi remete spavanje. Ali, u taj mah sam bio potpuno razbuđen [...].

[4/5. april 1913, F]

Onomad sam, uostalom skroz podivljao, sanjao o Tebi, Maksu i njegovoj ženi. Bili smo u Berlinu i, između ostalog, pronašli sva Grunevaldska jezera, koja u zbilji nisi uspela da mi pokažeš, usred grada, jedno za drugim. Može biti da sam bio sam kad sam to otkrio, verovatno sam hteo da odem do Tebe, pa sam gotovo protiv svoje volje zalutao i video kako se preda mnom jedva primetno pojavljuje neki sivotamni, nerazgovetni kej. Zamolio sam jednog prolaznika za obaveštenje i saznao da su to Grunevaldska jezera i da sam, doduše u centru grada, ipak prilično daleko od Tebe. Onda smo bili i na Vanzeu, gde se Tebi nije svidelo (ta stvarna napomena zvonila mi je neprestano u ušima tokom ovog snevanja), ušli kroz rešetkasta vrata kao u neki park ili neko groblje i doživeli svašta, a za čije pripovedanje je već suviše dockan. I morao bih suviše da kopam po sebi da bih se svega toga opsetio.

[11. april 1913, F][20]

Danas sam u snu izumeo novo saobraćajno sredstvo za park na strmini. Uzmete neku granu, koja ne treba da bude predebela, čvrsto je prislonite ukoso prema zemlji, jedan njen kraj zadržite u ruci, sednete na nju što je mogućno lakše, kao na damsko sedlo, i cela grana će onda, naravno, poleteti niz obronak, a pošto sedite na njoj, i vi ćete s njom, prijatno se ljuljajući u punoj vožnji na gipkom drvetu. Valja onda otkriti i mogućnost da se grana iskoristi takođe za vožnju uzbrdo. I nastranu jednostavnost celog uređaja, njegova glavna prednost sastoji se u tome što grana, vitka i pokretljiva kakva jeste, pa može biti spuštena i podignuta već prema potrebi, svuda prolazi, čak i onuda kuda bi sam čovek teško prošao.

[21. jul 1913]

Usred noći sam, u svojoj bespomoćnosti, doživeo pravi napad ludila, predstave više nisu dopuštale da ovladam njima, sve su proizilazile jedne iz drugih, dok mi u najvećoj nevolji nije u pomoć priskočila predstava jednog crnog napoleonovskog šešira, koji se natukao preko moje svesti i prisilno je držao na okupu. Pri tome mi je srce lupalo upravo sa ushitom, a ja sam odgurnuo pokrivač uprkos tome što je prozor bio sasvim otvoren i noć prilično hladna.

[6. avgust 1913, F]

Očajan. Danas popodne poluzaspao: Naposletku mora da mi se glava ipak raspukne od patnje. I to na slepoočnicama. Predstavljajući to sebi, ono što sam video bila je zapravo rana od metka, samo što su ivice na rupi, oštro nazubljene, bile povrnute napolje, kao u slučaju nasilno otvorene limene konzerve.

[15. oktobar 1913][21]

San: Na jednom strmom putu, otprilike na sredini uspona, i to pretežno na kolovozu, odozdo gledano, a počevši od leve strane, nalazilo se đubre ili otvrdlo blato, koje je, prema desnoj strani, usled mrvljenja bivalo sve niže, dok se, levo, uzdizalo visoko poput neke ograde od palisada. Išao sam desno, gde je put bio slobodniji, i video sam kako mi odozdo u susret dolazi neki čovek na triciklu i kao da se vozi baš prema prepreci. Bio je to čovek koji kao da nije imao oči, barem su mu oči izgledale kao istrvene rupe. Tricikl se teturao, i saglasno tome kretao se nesigurno i klimavo, ali ipak bez šuma, maltene preterano tiho i lako. U poslednjem trenutku zgrabih čoveka, držao sam ga kao da je on sam upravljač svog vozila i skretoh ga put prolaza otkuda sam ja došao. Onda on pade prema meni, ja se prometnuh u gorostasa, a ipak sam ga, u prisilnom položaju, i dalje pridržavao, pri čemu vozilo poče da ide natrag, mada polako, kao da je sad ostalo bez gospodara, i povuče i mene sa sobom. Prominusmo pored nekih taljiga na kojima je, gurajući se, stajalo nekoliko ljudi, svi odeveni u crno, a među njima mlad izviđač sa svetlosivim šeširom čiji je obod bio povijen uvis. Od tog dečaka, koga sam uočio već sa izvesne razdaljine, očekivao sam pomoć, ali on se okrete i uvuče među ljude. Posle tih taljiga – tricikl se i dalje kretao, a ja sam morao, veoma pognut, raskrečenih nogu, da idem za njim – u susret mi je naišao neko ko mi je pomogao, ali koga ne mogu da se setim. Znam jedino da je to bio čovek dostojan poverenja, koji sad kao da se skriva iza crne razapete tkanine i čiju skrivenost valja da uvažavam.

[17. novembar 1913][22]

San: Francusko ministarstvo, četiri čoveka sede za stolom. Održava se savetovanje. Sećam se čoveka što sedi kod desne uzdužne strane stola, s licem ravnim gledano iz profila, žućkastom puti, veoma isturenim (usled utisnutosti lica), baš isturenim, sasvim pravim nosem i zejtinjavo crnim, gustim brkovima koji padaju preko usta.

[21. novembar 1913]

San u svitanje: U vrtu nekog sanatorijuma sedim za dugačkim stolom, štaviše na čelnom mestu, tako da u snu zapravo vidim svoja leđa. Dan je sumračan, mora da sam bio na izletu i tek što sam se vratio automobilom koji se u zaletu dovezao do samog ulaza. Upravo treba da bude posluženo jelo, pošto vidim jednu od služavki, mladu, dražesnu devojku, čiji hod je veoma lak ili pak lelujav, u haljini boje jesenjeg lišća, i koja baš prolazi kroz trem što služi kao pročelje sanatorijumu i silazi u vrt. Još ne znam šta hoće, ali ipak upitno pokazujem na sebe da bih saznao da li se to mene tiče. I doista, ona mi donosi pismo. Mislim da to ne može biti pismo koje očekujem, jer ovo je veoma tanko pismo i rukopis je tuđ, sitan, nesiguran. Međutim, otvaram ga i iz njega ispada veliki broj tankih, potpuno ispisanih listova, a na svima je, dabome, onaj nepoznati rukopis. Počinjem da čitam, prelistavam ga i uviđam da to, ipak, mora biti neko veoma važno pismo, kao i da očigledno potiče od F.-ine najmlađe sestre. Počinjem da žudno čitam, kad li se moj sused zdesna, ne znam da li je muškarac ili žena, verovatno dete, preko moje ruke naginje nad pismo. Kriknem: „Ne!" Nervozni ljudi koji sede za okruglim stolom počinju da drhte. Verovatno sam izazvao neku nevolju. Pokušavam da se izvinim s nekoliko brzih reči kako bih opet mogao da se predam čitanju. I ponovo se se naginjem nad pismo, ali uto se neizbežno budim, kao da me je probudio sopstveni krik. Pri punoj svesti prisiljavam se da iznova zaspim, i stvarno situacija se ponovo javlja, pročitavam još dva-tri maglovita reda iz pisma, nijedan ne uspevajući da zapamtim, i dok produžavam da spavam – gubim san.

[24. novembar 1913][23]

Snovi: U Berlinu, ulicama, ka njenoj kući, osećam spokoj i blaženstvo, nisam doduše još nadomak njene kuće, ali sam u prilici da lako dospem tamo, svakako ću dospeti. Vidim kako se ulice nižu, na nekoj beloj kući stoji natpis, otprilike „Raskošne dvorane Severa" (pročitao u novinama juče), u snu dodato „Berlin Zap". Pitam nekog ljubaznog starog žandara crvenog nosa, koji je ovog puta odeven u neku vrstu služiteljske uniforme. Dobijam preopširno obaveštenje, čak mi pokazuje u daljini ogradu nekog malog parka za koju bi, radi sigurnosti, valjalo da se pridržavam kad budem prolazio tuda. Potom, saveti koji se tiču tramvaja, podzemne železnice itd. Nisam u stanju više da ga pratim i uplašeno pitam, dobro znajući da potcenjujem razdaljinu: „To je svakako pola sata daleko?" A on, starac, odgovara: „Ja sam tamo za 6 minuta." Kakva radost! Nekakav čovek, neka senka, neki drug, stalno me prati, ne znam ko je. Naprosto nemam vremena da se osvrnem, da koraknem ustranu. – Stanujem u Berlinu u nekakvom pansionu u kojem, izgleda, stanuju sve sami poljski Jevreji; sasvim male sobe. Prolijem bocu vode. Neko neprekidno kuca na maloj pisaćoj mašini, jedva okrene glavu kad ga zamoliš za nešto. Nigde da nađeš plan Berlina. Uvek u nečijoj ruci vidim knjigu koja liči na plan. Uvek se pokaže da sadrži nešto posve drugo, popis berlinskih škola, poresku statistiku ili tako nešto. Neću da poverujem u to, ali mi, uz smešak, bez ikakve sumnje dokažu da je tako.

[13. februar 1914][24]

Juče mi se beli konj prvi put pojavio pre nego što ću zaspati, imam utisak kao da je najpre izišao iz moje glave okrenute zidu, skočio preko mene i strovalio se s kreveta, pa se onda izgubio.

[Na 27. maj 1914][25]

Sanjao noćas. Kod cara Vilhelma. U dvorcu *Lep pogled*. Soba slična kao u „Pušačkoj odaji". Sastanak s Matildom Serao. Nažalost sve zaboravio.

[2. decembar 1914][26]

Mnogo snova. Pojava neke mešavine dir. Maršnera i sluge Pimiskera. Rumeni nabrekli obrazi, crno napomađena brada, isto tako jaka nepokorna kosa.

[29. septembar 1915][27]

U polusnu dugo gledao Esteru koja se sa strašću, koja je odlikuje po mom utisku, izgleda, za sve što je duhovno, zubima čvrsto uhvatila za čvor na konopcu i silovito se ljulja u praznom prostoru poput tučka u zvonu (sećanje na bioskopski plakat). – Dve miljenice. Mala đavolska učiteljica koju sam takođe video u polusnu kako, razigrana u plesu, nekom kozačkom ali lebdećem plesu, leti gore-dole iznad blago nagnutog, neravnog, u sumraku tamnog pločnika od opeka.

[3. novembar 1915][28]

Nedavno sanjao: Stanovali smo na Prokopu, u blizini gostionice Kontinental. Iz Gospodske ulice jedna regimenta zaokreće u smeru železničke stanice. Moj otac: „Tako nešto moraš da vidiš dok si još to u stanju." I vinu se (u Feliksovom mrkom kućnom ogrtaču, čitav lik bio je mešavina njih dvojice) na prozor i ispruženih ruku rašepuri se napolju na poširokom, veoma nagnutom prozorskom ispustu. Ja ga dohvatim i držim za oba lančića kroz koje je provučen pojas kućnog ogrtača. On se pakosno ispruži još dalje napolju, ja do krajnosti naprežem sve svoje snage da bih ga zadržao. Pomislim da bi dobro bilo kad bih mogao da privežem svoje noge za nešto čvrsto kako me otac ne bi povukao za sobom. Da bih to izveo, svakako bih morao da oca na trenutak pustim, a to je nemoguće. Čitavu tu napregnutost spavanje nije kadro da podnese – a naročito nije za to sposobno moje spavanje, i ja se budim.

[19. april 1916][29]

San: Međusobno se pobiše dve grupe muškaraca. Grupa kojoj sam pripadao dočepala se jednog od protivnika, gorostasnog golog čoveka. Držali smo ga nas petorica, jedan za glavu, po dvojica za ruke i noge. Nažalost nije nam pri ruci bio nikakav nož da ga probodemo, pa smo se užurbano raspitivali okolo za nož, ali niko ga nije imao. Pošto iz nekakvih razloga nije bilo vremena za gubljenje, a u blizini se nalazila peć, čija su velika vrata od livenog tuča bila crveno usijana, odvukli smo čoveka donde, primakli njegovu nogu vratima peći, sve dok nije počela da se dimi, potom je povukli i pustili da se ispari, pa je ubrzo iznova primakli. Tako smo to terali ujednačeno, sve dok se nisam probudio ne samo obliven ledenim znojem nego istinski cvokoćući zubima.

[20. april 1916]

Obnevideo sam od glavobolje [...]. Takvom raspoloženju tokom dana pridodao je svoje i jezovit san čija je neobičnost bila u tome da nije prikazivao ništa jezovito, samo običan susret s poznanicima na ulici. Pojedinosti se nikako ne sećam, mislim da Ti čak nisi bio prisutan. Jeza je, međutim, počivala u osećanju koje me je obuzelo prema jednom od tih poznanika. Može biti da me san te vrste dosad još nije pohodio.

[5. jul 1916, B]

San o dr Hancalu, sedeo je za svojim pisaćim stolom, istovremeno nekako zavaljen i nagnut napred, očiju vodnjikavo svetlih, lagano i tačno, kako mu je svojstveno, izlaže neki jasan misaoni tok, u snu čujem tek poneku od njegovih reči, pratim samo metodični duh kojim ih iznosi. Bio sam, potom, i s njegovom ženom, nosila je pozamašan prtljag, igrala se, čudnovato, mojim prstima, komad debele postave njenih rukava bio je iskidan, taj rukav, čiji je tek najmanji deo ispunjavala njena ruka, bio je napunjen jagodama.

[6. jul 1916][30]

Sledeći jezoviti san: Iz portirnice Zavoda mi telefoniraju da je tamo pismo za mene. Trčim dole. Ali, tamo ne zatičem portira, nego rukovodioca prijemne službe, u koju bi, po pravilu, pošta najpre morala da dođe. Tražim pismo. Čovek traga za njim po stočiću na kojem je pismo još do pre neki trenutak trebalo da leži, ali ga ne nalazi, i kaže da krivicu snosi portir koji je bez opravdanja pismo primio od poštara, umesto da ga uputi u prijemnu službu. U svakom slučaju, sad sam prisiljen da sačekam portira, i čekam veoma dugo. Naposletku se on pojavljuje, div po veličini i prostoti. On ne zna gde je pismo. Očajan, žaliću se kod direktora, zahtevati suočenje poštara i portira, pri čemu portir mora da se obaveže da više nikad ne prima pisma. Gotovo raspamećen, lutam hodnicima i stepeništima, navodno tražim direktora.

[1. oktobar 1916, F][31]

San o Verfelu: Pričao je kako je u Donjoj Austriji, gde sad živi, na ulici slučajno neznatno gurnuo nekog čoveka, na šta ga je ovaj grozno ispsovao. Pojedine izraze sam zaboravio, znam samo da se pojavljivao „varvarin" (potiče iz Svetskog rata) i da se niz okončavao sa „Vi, proletersko Ture". Zanimljiv oblik: Ture, dijalekatski izraz za Turčin, psovka „Turčin" očito potiče još iz baštine davnih turskih ratova i opsade Beča, čemu je dodata nova psovka „proletersko". Dobro karakteriše priglupost i zaostalost psovača, budući da danas ni „proletersko" ni „Ture" nisu prave psovke.

[19. septembar 1917][32]

San o ocu. – Oskudan broj slušalaca (među njima gospođa Fanta kao karakteristični pokazatelj) pred kojima otac prvi put u javnosti izlaže svoju ideju socijalne reforme. Stalo mu je do toga da se ovi izabrani, po njegovom mišljenju naročito izabrani slušaoci poduhvate propagiranja ideje. Spolja on to izražava u znatno skromnijem obliku: od prisutnih traži samo da mu, kad se upoznaju sa svim elementima ideje, po mogućstvu saopšte adrese lica koja bi bila zainteresovana za stvar, te bi se, eto, mogle pozvati na veliki javni sabor koji bi trebalo uskoro da se održi. Moj otac još nikad nije imao ništa s tim ljudima, pa ih stoga uzima preterano ozbiljno, obukao je i crn žaket i izlaže ideju najpodrobnije, sa svim znacima diletantizma. Okupljeni odmah uviđaju, uprkos tome što nisu čak ni bili pripremljeni za predavanje, da se ovde – s ponosom kao da je reč o originalnoj zamisli – izlaže samo jedna stara, istrošena, davno pretresena ideja. Daju mu to i na znanje. Ali, on je taj prigovor očekivao, pa s veličanstvenom uverenošću u ništavnost iznesenog prigovora, koji je, izgleda, i njega samog već češće iskušavao, on iznosi svoju stvar još gorljivije dok mu je na usnama fini, gorak osmeh. Kad je završio, iz opšteg mrzovoljnog mrmljanja jasno je da slušaoce nije uverio ni u originalnost ni u korisnost svoje ideje. Neće baš mnogi biti zainteresovani za nju. Ipak, tu i tamo iskrsava poneko ko mu, iz dobrodušnosti ili možda zato što se sa mnom poznaje, daje nekoliko adresa. Moj otac, nimalo zbunjen opštim raspoloženjem, sklonio je svoje beleške namenjene predavanju i izvadio pripremljene svežnjiće praznih cedulja da zabeleži ono malo adresa. Čujem jedino ime nekog dvorskog savetnika Strižanovskog ili neko slično. – Kasnije vidim oca kako sedi na podu, oslonjen o kanabe, kao kad se igra s Feliksom. Uplašen, pitam ga šta radi. Razmišlja o svojoj ideji.

[21. septembar 1917][33]

Dragi Felikse, evo ti današnjeg sna, tek ukratko, kao dokaza za utisak koji je na mene proizveo Tvoj tečaj: Bilo je veličanstveno, tj. ne moje spavanje (za koje bi se pre moglo reći da je bilo veoma slabo, kakvo je uglavnom u poslednje vreme; da li bi trebalo da se pregledam i da me lekar ukloni iz Ciraua – šta da radim?), pa ni moje snevanje, nego tvoje delanje u njemu.

Sreli smo se na ulici; ja sam se, očevidno, upravo vratio u Prag i bio radostan što ću Te videti, a ti si bio, ustanovio sam kao nesumnjivo, primetno mršaviji, nervozan i profesorski usukan (nekako ti ukočeno-nacifrano visi lanac od časovnika). Kažeš mi da ideš na univerzitet gde baš treba da držiš tečaj. A ja kažem da bih jako voleo da idem s Tobom, samo moram na trenutak da svratim u prodavnicu pred kojom smo upravo stajali (bilo je to negde na kraju Langengase, naspram one velike kafane koja stvarno postoji). Ti obećavaš da ćeš me sačekati, ali dok sam ja bio u prodavnici, porazmislio si i pišeš mi pismo. Ne znam više kako sam ga dobio, ali još mi je pred očima rukopis tog pisma. U njemu je, između ostalog, napisano da tečaj počinje u 3 sata, te da ne možeš duže čekati, među Tvojim slušaocima je i prof. Zauer, koga nikako ne bi hteo da uvrediš svojim kašnjenjem, mnoštvo devojaka i žena dolazi na predavanje poglavito njega radi, i ako bi on izostao, s njim bi izostale hiljade. Dakle, moraš da požuriš.

Ali, ja sam ubrzo stigao za Tobom, i zatekao Te u nekoj vrsti predvorja. Pred nekakvim prostorom na kojem su se devojke igrale loptom, pitao sam Te šta ćeš sad da radiš. Rekao si da ti baš počinje tečaj i tačno si naveo šta ćeš na njemu da čitaš, dvojicu autora, dela i broj poglavlja. Bilo je to veoma učeno, ali mi je od imena u sećanju ostao jedino Hesiod. O drugom autoru znam samo da se nije zvao Pindar, nego nekako slično, ali nepoznatiji, i pitao sam se zašto „barem" Pindara ne čitaš.

Kad smo ušli, čas je već počeo. Ti si svakako već bio počeo i samo si na trenutak izišao da bi me video. Gore, na podijumu, sedela je visoka i jaka, ženstvena i ružna, u crno odevena devojka, tamnih očiju, čvorugastog nosa, i prevodila Hesioda. Baš ništa nisam razumeo. Sad se prisećam, što mi u snu nijednom nije palo na pamet, da je to bila Oskarova sestra, samo donekle vitkija i znatno viša.

Osećao sam se (očigledno u vezi sa sećanjem na Tvoj san o Cukerkandlu) potpuno kao pisac, uporedivši svoje neznanje sa ogromnim poznavanjem koje je pokazivala ta devojka, i često sam sebi govorio: „tužno-tužno!"

Profesora Zauera nisam video, ali su mnoge dame bile tu. Dva reda ispred mene (te dame su sedele na upadljiv način, leđima ka podijumu) sedela je gospođa G., imala je duge lokne i tresla se, pored nje je bila dama za koju si mi rekao da je od Holcnerovih (ali bila je mlada). Na klupama pred nama pokazao si mi i ostale slične učenice iz Gospodske ulice. Sve su one, znači, učile kod Tebe. Među ostalima, u drugom odeljku klupa, opazio sam još i Otlu, s kojom sam se nešto pre toga posvađao zbog Tvog tečaja (nije htela,

naime, da dođe i sad je, dakle, na moje zadovoljstvo, ipak bila tu, i čak je veoma brzo stigla).
Svuda i svi, koliko samo blebetanja, govorili su o Hesiodu. Osetio sam kao izvesno zatišje kad se čitačica nasmejala pri našem ulasku i još dugo, uz puno razumevanje slušalaca, nije mogla da prekine sa smehom. Pri tome nije prestajala, dabome, da tačno prevodi i objašnjava.

Kad je ona završila s prevođenjem i Ti trebalo da počneš, nadalje, s pravim predavanjem, nagnuo sam se ka Tebi da bih čitao s Tobom iz Tvoje knjige, ali na svoje najveće čuđenje vidim da pred sobom imaš samo neko raskupusano, drljavo izdanje iz kolekcije Reklam, dakle da i grčki tekst imaš – Gospode! – „u sebi". Ovaj izraz došao mi je u pomoć iz Tvog poslednjeg pisma. No, sad – možda zato što sam uvideo da pod tim okolnostima ne mogu dalje da pratim stvar – celina biva nejasnija, Ti poprimaš donekle izgled jednog mog ranijeg školskog druga (s kojim sam se, uostalom, rado družio i koji se ubio, a koji pomalo, kao da mi sad pada na pamet, liči na učenicu-čitačicu), dakle preobražavaš se i počinje novi tečaj, manje detaljan, tečaj iz muzike koji vodi oniži, crnoputi mlađi čovek rumenih obraza. Ličio je na nekog mog dalekog rođaka koji je (odlučujuće za moj stav prema muzici) hemičar i verovatno ćaknut.

To je, eto, bio san, još nedovoljno dostojan tečaja, a sad idem da legnem, spreman za neki možda još upečatljiviji san o tečaju.

[Verovatno 22. oktobra 1917, V][34]

San o bici na Taljamentu: Ravnica, reka zapravo ne postoji, guraju se mnogi uzbuđeni posmatrači, spremni da, zavisno od situacije, potrče napred ili nazad. Pred nama visoravan, čiji je obod, naizmenično bez rastinja i obrastao visokim grmljem, veoma jasno vidljiv. Gore, na visoravni, i s druge strane, bore se Austrijanci. Među posmatračima vlada napetost: šta će biti? Pokadikad, u pauzama, pogledavaju, očito da bi predahnuli, na retko žbunje na mrkoj padini, iz kojeg pripuca poneki Italijan. Ali, to je beznačajno, mi dabome već potrčimo malo. Onda ponovo visoravan: Austrijanci trče duž pustog oboda, zastanu iza raslinja, pa opet trče. Očigledno je da stvari stoje loše, a i neshvatljivo je kako bi ikad mogle da stoje dobro, kako ljudi, pošto smo ipak i mi samo ljudi, mogu da nadvladaju ljude koji imaju volje da se brane. Širi se veliki očaj, biće potrebno opšte bežanje. Tad se pojavi neki pruski major, koji je sve vreme, uostalom, s nama posmatrao bitku, ali kako sad spokojno stupa u naglo ispražnjeni prostor, on je nova pojava. Stavlja po dva prsta svake ruke u usta i zviždi, kao kad zviždite psu, ali s ljubavlju. To je znak za njegovu četu, koja je čekala nedaleko odatle i sad istupa. Pruska garda, mladi, tihi ljudi, nema ih mnogo, možda jedno odeljenje, svi kao da su oficiri, barem svi nose duge sablje, a uniforme su im tamne. Kako sad kratkim koracima, lagano, kao zbijena grupa, marširaju pored nas, pogledaju nas tu i tamo, a samorazumljivost tog hoda u smrt istovremeno je dirljiva, uzvišena i zajamčuje pobedu. Spasen uskakanjem tih ljudi u borbu, ja se probudim.

[10. novembar 1917][35]

Razumljivo je da si Ti sad preterano zaposlen, ja to uviđam bolje od Tebe, a svake nedelje, ne sa kancelarijskom zaštitom, nego sam, jedino uz ličnu odgovornost, izlaziti pred ljude koji od tebe iziskuju da saznaju nešto suštinsko, pri čemu im ti lično u svakom pogledu dodeljuješ to pravo – jeste nešto izuzetno veliko, gotovo duhovno. I ja sam, tako, pod utiskom onoga što sam opet o tome sanjao. Dabome, bilo je to nešto iz botanike, baš o čemu si predavao (reci to profesoru Krausu), o nekakvom cvetu nalik lavljim zubima ili, štaviše, o nekoliko cvetova te vrste koje si poredio pred publikom; bili su to izdvojeni veliki primerci koje je, sve jedan na drugi, od podijuma do tavanice, publika mogla da upoređuje; nisam shvatao kako si Ti to samcit, sa svoje dve ruke, mogao da uradiš. Onda je odnekle iz pozadine [...] ili možda iz samih cvetova potekla izvesna svetlost i oni su zračili. I o publici sam imao nekoliko zapažanja, ali sam ih zaboravio.

[Početkom februara 1918, V][36]

Dok Ti još u snu boluješ svoje misli, ja se trojkom vozim po Laponiji. Tako je bilo noćas ili, tačnije, nisam se još vozio nego su tek uprezali trojku. Kolska ruda je bila ogromna životinjska kost i kočijaš mi je tehnički prilično duhovito, pa i neobično objašnjavao kako se upreže trojka. Neću da ti to ovde naširoko prepričavam. U taj nordijski ton upleo se onda jedan zavičajni odjek tako što je moja majka, koja je tu lično bila ili samo njen glas, prosuđivala i objašnjavala čovekovu narodnu nošnju i zašto su mu pantalone od papirnog tkanja iz neke firme Bondi. To mora da je očigledno poticalo iz uspomena na prethodni dan, jer ima nečeg jevrejskog, a govorilo se i o tkaninama od papira, i o nekom Bondiju.

[8. februar 1919, B][37]

Onomad sam ponovo, dabome posredno, sanjao o Tebi. U kolicima sam okolo vozikao neko dete, debelo, belo i rumeno (dete nekog nameštenika iz moje ustanove), i pitao ga kako se zove. Reklo je: Hlavata (prezime nekog drugog nameštenika ustanove). „A kako ti je ime?" pitao sam dalje. „Otla." „Ali", rekao sam u čudu, „baš kao moja sestra. Zove se Otla, a i hlavatá je." Pri tome, naravno, nisam mislio ništa loše, nego sam pre bio ponosan.

[24. februar 1919, Ot][38]

Onomad sam u snu pročitao Tvoj članak u *Samoodbrani*. Nadnaslov je glasio: „Pismo", a bilo je četiri dugačka stupca, ispisano snažnim jezikom. Bilo je to pismo upućeno Marti Levi, i trebalo je da je uteši zbog bolesti Maksa Levija. Nisam zapravo razumeo zašto je objavljeno u *Samoodbrani*, ali me je ipak veoma obradovalo.

[17. april 1920, Ot][39]

Danas sam Te sanjao, a tema je bila gorespomenuta. Sedeli smo utroje, a on je nešto napomenuo što se meni, kako je to već u snu, izvanredno dopalo. Nije rekao, naime, da je zanimanje žene za rad i biće muškarca samorazumljivo ili saglasno iskustvu, nego da je to „istorijski dokazano". Odgovorio sam da je putem zanimanja za opšte sasvim odstranjeno pitanje o posebnom slučaju: „Važi i obrnuto."

[1. maj 1920, Ot][40]

Onomad sam Vas opet sanjao, i bio je to dug san, ali se gotovo ničeg iz njega ne sećam. Bio sam u Beču i dalje ništa ne znam, ali onda sam došao u Prag i zaboravio Vašu adresu, ne samo ulicu, nego i grad, sve, samo ime Šrajber mi je još nekako iskrslo, ali nisam znao šta bih s njim. Bili ste, dakle, potpuno izgubljeni za mene. Očajan, činio sam svakojake lukave pokušaje koje, ipak, ne znam zašto, nisam dovodio do kraja i od kojih se samo jednog sećam. Na koverti sam napisao: M. Jesenska, a ispod toga „Molim da se ovo pismo uruči, jer će inače Finansijska uprava pretrpeti ogroman gubitak". Nadao sam se da ću pomoću ove pretnje pokrenuti svu mogućnu pomoć države u traganju za Vama. Prepredeno, a? Ne dozvolite da Vas to okrene protiv mene. Jedino u snu sam takav, ni nalik sebi.

[11. jun 1920, M][41]

Jutros, uoči buđenja, a i ubrzo posle jednog zaspivanja, snevao sam odvratan, da ne kažem strašan (srećom da se utisak sna brzo rasprišio), dakle samo odvratan san. Uostalom, njemu zahvaljujem što sam malo odspavao, jer iz takvog sna budiš se tek kad je okončan; ranije da se izbaviš, ne možeš, drži te čvrsto na lancu.

Bilo je to u Beču, onako kako zamišljam u sanjarijama da bi bilo u slučaju da onamo otputujem (u tim sanjarijama Beč se sastoji samo od malenog tihog trga koga, s jedne strane, obrazuje Tvoja kuća, prekoputa je hotel u kojem ću stanovati, levo od njega je Zapadna železnička stanica, na koju ću stići, levo stanica Franja Josif, s koje ću krenuti, da, i u prizemlju moje kuće je, baš zgodno, još i vegetarijanska gostionica u kojoj se hranim, ne da bih jeo, nego da bih, u neku ruku, u Prag otišao nešto teži. Zašto to pričam? To zapravo ne pripada snu, očevidno ga se još bojim). Nije, dakle, bilo baš tako, bio je to stvaran velegrad, svečeri, vlažno, mračno, nepojamno gust saobraćaj; kuću u kojoj sam stanovao, odvajao je izduženi četvorougaoni park od Tvoje kuće.

U Beč sam došao nenadano, pretekao sam sopstvena pisma, koja su još bila na putu k Tebi (docnije me je to naročito bolelo). Ti si, međutim, bila obaveštena i trebalo je da se sretnemo. Srećom, nisam bio sam, neko malo društvo i, verujem, jedna devojka bili su sa mnom (istovremeno, činjenicu da nisam sam osećao sam i kao breme), ali o njima ne znam ništa podrobnije, bili su mi takoreći kao sekundanti. Barem da su bili ćutljiviji, ali ne, neprestano su razgovarali, verovatno o mom slučaju, čuo sam samo njihovo nervirajuće mrmljanje, ali ništa nisam razumevao niti sam hteo da išta razumem. Stajao sam desno od svoje kuće na ivici pločnika i posmatrao Tvoju. Bila je to neka niska vila s divnom, jednostavnom, kružno zasvođenom lođom koja je izlazila na ulicu u visini prizemlja.

Iznenada, bilo je vreme za doručak, u lođi je bio postavljen sto, izdaleka sam video kako je Tvoj muž došao, seo u trščani naslonjač desno i, još sanjiv, protezao se, šireći ruke. Onda si Ti došla i sela za sto, tako da sam mogao da te potpuno vidim. Dabome, ne baš jasno, bilo je daleko, obris Tvog muža mogao se videti određenije, ne znam zašto, Ti si ostajala samo kao nešto plavičastobelo, protočno, fantomsko. I Ti si širila ruke, ali ne da bi se proteglila, nego je u tom pokretu bilo nečeg svečanog.

Ubrzo potom, opet je bilo ono ranije veče, bila si na ulici sa mnom, stajala si na pločniku, ja jednom nogom na kolovozu, držao sam Te za ruku i sad je počeo neki nesuvislo brzi razgovor sastavljen od kratkih rečenica, malo ja, malo Ti, klap-klap, i potrajalo je to do kraja sna, maltene bez prekida.

Ne mogu da ga prepričam, u pameti mi je zapravo samo 2 prve i 2 poslednje rečenice, središnji deo bio je samo jedna jedina teskoba, pobliže nesaopštiva.

Umesto pozdrava, podstaknut nečim, brzo sam rekao: „Zamišljala si me drukčijeg." Odgovorila si: „Ako treba da budem iskrena, mislila sam da si fešiji" (zapravo si upotrebila neki još većma bečki izraz, ali sam ga zaboravio).

To su bile prve 2 rečenice (s tim u vezi mi pada na pamet: znaš li zapravo da sam potpuno nemuzikalan, tako nemuzikalan kako niko nije, koliko znam?), i s njima je, u osnovi, sve bilo odlučeno, šta bi još? Ali, tad su počela pregovaranja oko ponovnog viđenja, najneodređeniji izrazi s Tvoje strane, neprestano zapitkivanje s moje.

Sad je priskočila i moja pratnja, kod koje je bilo stvoreno mišljenje da sam u Beč doputovao radi pohađanja neke poljoprivredne škole u bečkoj okolini, pa je sad kao kucnuo trenutak da tamo krenem; očigledno su hteli da me iz samilosti udalje odavde. Prozreo sam to, ali sam ipak pošao na stanicu, verovatno zato što sam se nadao da će tako ozbiljna namera da otputujem, ostaviti na Tebe neki utisak. Svi smo došli na obližnju stanicu, ali sad se pokazalo da sam zaboravio naziv mesta gde je škola trebalo da se nalazi. Stajali smo pred velikim tablama s redom vožnje, a oni su istrajno povlačili prste po nazivima stanica i propitivali me da li je možda ova ili ona, ali nijedna nije bila od tih.

Dok je to trajalo, pomalo bih te zagledao, i uostalom bio sam krajnje ravnodušan kako izgledaš, bilo mi je stalo jedino do Tvojih reči. Gotovo nimalo nisi ličila na sebe, u svakom slučaju bila si tamnoputija, mršavijeg lica, neko sa zaokrugljenijim obrazima poput Tebe ne može biti tako okrutan. (Ali, zar je to bilo okrutno?) Tvoja odeća bila je, začudo, od iste tkanine kao i moja, i bila je veoma muškog kroja, zapravo mi se nije sviđala. No, onda sam setio jednog mesta iz pisma (stiha: dvoje šaty mám a přece slušně vypadám), i tako je veliku moć Tvoja reč imala nada mnom da mi se od tog trena Tvoja haljina veoma dopala.

Ali, onda je nastupio kraj, moja pratnja je još prebirala po redu vožnje, a nas dvoje smo stajali po strani i pretresali stvari. Završno stanje tog pregovaranja bilo je otprilike ovakvo: sutradan je nedelja; Tebi je bilo neshvatljivo do odurnosti kako mogu i da pretpostavim da bi u nedelju mogla imati vremena za mene. Ali, naposletku si popustila i rekla da bi mogla da odvojiš ipak 40 minuta. (Najstrašnije u tom razgovoru nisu, naravno, bile reči, nego ono ispod, besciljnost svega, a tu je bio i Tvoj stalni prećutni argument: „Ne bih da dođem. Od kakve ti, dakle, može biti pomoći ako ipak dođem?") Ali, kad ćeš tih 40 minuta biti slobodna, nisam uspevao od Tebe da saznam. Nisi to znala; uprkos svem naoko napregnutom razmišljanju, nisi mogla da odrediš kad bi to bilo. Najzad sam zapitao: „Da li možda da čekam ceo dan?" „Da", rekla si i okrenula se nekom društvu koje je tu stajalo i čekalo Te. Smisao odgovora bio je da nećeš ni doći i da je jedini ustupak koji možeš da mi učiniš dozvola da smem da Te čekam. „Neću čekati", prošaputao sam i, pošto mi se učinilo da me nisi čula, a to je bio moj poslednji adut, viknuo sam te reči očajnički za Tobom. Ali, Tebi je bilo svejedno. Nisi hajala više za to. Povodeći se, nekako sam se vratio u grad.

[14. jun 1920, M][42]

Jutros sam Te opet sanjao. Sedeli smo jedno uz drugo, a Ti si me odgurivala od sebe, ne jarosno, nego prijateljski. Bio sam veoma nesrećan. Ne zato što me odguruješ, nego zbog sebe, jer sam se prema Tebi ophodio kao što bih prema nekoj nemoj ženi i prečuo sam glas koji je govorio iz Tebe, i govorio upravo meni. Ili ga možda nisam prečuo, ali nisam bio kadar da mu odgovorim. Otišao sam još neutešniji nego u prvom snu.

[15. jun 1920, M]

Danas sam te sanjao, verujem prvi put otkako sam u Pragu. San uoči zore, kratak i težak, dočepavši se s njim još malo spavanja posle rđave noći. Malo o njemu znam. Bila si u Pragu, išli smo Ferdinandovom ulicom, negde naspram Vilimeka, put keja, neki Tvoji poznanici prolazili su s druge strane, okrenuli smo se za njima, govorila si o njima, možda je reč bila i o Krasi [nije u Pragu, to znam, raspitaću se za njegovu adresu]. Govorila si kao obično, ali je u tome bilo nekog nepojmljivog, neuhvatljivog odbijanja. Nisam ništa od tog spominjao, ali sam sebe proklinjao, i time samo izrekao prokletstvo koje je ležalo na meni. Potom smo bili u kafani, verovatno u Kafe-Unionu (ta nam je kafana bila usput, i bila je to kafana Rajnerove poslednje večeri), neki muškarac i devojka sedeli su za našim stolom, ali ne uspevam da ih se setim, zatim muškarac koji je veoma ličio na Dostojevskog, ali mlad, brade i kose crne kao ugalj, s neobično, recimo, istaknutim očnim kapcima i obrvama. Zatim si Ti bila tu i ja. Ništa u tvom držanju nije odavalo odbijanje, ali odbijanje je bilo prisutno. Lice Ti je bilo napuderisano – mučno zgranut nisam mogao oči da odvratim od njega – i to napuderisano previše upadljivo, neuko, loše, a bilo je verovatno i toplo, pa su se obrazovali čitavi crteži od pudera na Tvom licu, još ih vidim pred sobom. Često sam se naginjao ka Tebi, ponavljajući pitanje zašto si napuderisana; kad bi Ti opazila da hoću da pitam, presretala si me pitanjem – čija odbojnost se nije dala primetiti – „Šta hoćeš?" Ali, ja nisam mogao da pitam, nisam se usuđivao, a pri tome sam nekako naslućivao da je ta napuderisanost izvesna proba za mene, neko odlučujuće iskušavanje, i da bi upravo trebalo da pitam i hteo sam da pitam, ali se nisam usuđivao. Tako se taj žalosni san svaljivao na mene. Uz to me je mučio i onaj koji je ličio na Dostojevskog. I on se ophodio prema meni poput Tebe, ali ipak i donekle drukčije. Kad bih ga nešto zapitao, bio je veoma prijatan, druželjubiv, nagnuo bi se prema meni, onako srdačno, a ja ništa više nisam znao da pitam ili kažem – i to se događalo svakog trenutka – i on bi se naglo povlačio, zaranjao u neku knjigu, nije bio više svestan sveta oko sebe i naročito mene, iščezavao je u svojoj bradi i kosi. Ne znam zašto mi je to bilo nepodnošljivo, uvek iznova sam – nisam mogao drukčije – morao nekim pitanjem da ga privlačim sebi i uvek iznova sam ga gubio svojom krivicom.

[1. avgust 1920, M][43]

Noćas sam zbog Tebe ubio, divalj san, loša, loša noć. Jedva da išta znam o tome podrobnije. [...] Neko, neki rođak, rekao je tokom razgovora, koga se ne sećam, ali čiji je smisao bio otprilike da ovaj ili onaj ne bi bio u stanju da tako nešto uradi – rođak je, pak, naposletku, rekao ironično: „Da, Milena možda bi." Na to sam ga nekako ubio, zatim uzbuđen otišao kući, majka je neprekidno trčkala za mnom, i tu je u toku bio sličan razgovor, konačno sam razjareno viknuo: „Ako iko Milenu po zlu spomene, recimo otac (moj otac), ubiću i njega ili sebe." Tu sam se probudio, ali niti je bilo ikakvog spavanja niti ikakvog buđenja.

[7. avgust 1920, M]

Noćas, dok sam nakratko bio poluuspavan, navrlo mi je da bih Tvoj rođendan trebalo da proslavim tako što ću posetiti sva Tebi važna mesta. I odmah sam potom, bez ikakve svoje volje, bio pred Zapadnom stanicom. Bila je to tek malena zgrada, pa ni u njoj nije moglo biti više mesta, jer baš je stigao brzi voz, i vagon za koji nije bilo dovoljno mesta, nalazio se izvan stanice. Bio sam obuzet zadovoljstvom što su tu ispred stanice stajale tri zgodno obučene devojke, nosačice prtljaga (jedna je od njih s pletenicom), dabome izrazito mršave. Palo mi je na pamet da ono što si Ti, dakle, učinila nije baš tako neuobičajeno. Uprkos tome, bio sam radostan što nisi bila tu, ali mi je, svakako, bilo i žao što Te nije bilo. Ipak, za utehu sam našao malu aktentašnu koju je neki putnik izgubio, i iz te malene tašne, na čuđenje putnika oko mene, izvadio velike komade odeće.

[10. avgust 1920, M][44]

Juče sam Te sanjao. Jedva da više znam šta se potanko dešavalo, samo još znam da smo se neprestano preobražavali jedno u drugo, ja sam bio Ti, Ti si bila ja. Naposletku je Tebe zahvatila nekakva vatra, setio sam se da se krpama gasi vatra, uzeo neki stari kaput i njime udarao po Tebi. Ali, preobražavanja su ponovo počela i to je sezalo tako daleko da Ti čak više nisi ni bila tu, nego sam ja bio taj koji gori i ja sam bio taj koji udara kaputom. To udaranje, međutim, nije nimalo pomagalo i potvrdila se samo moja stara bojazan da takve stvari ne mogu da se nose s vatrom. Ali, za to vreme je pristigla i vatrogasna služba i nekako je još uspela da Te spase. No, bila si drukčija nego ranije, gotovo sablast [...] kredom iscrtana u mraku i pala si mi beživotno na ruke, možda samo obeznanjena od radosti što si spasena. Ali, i dalje je delovala neizvesnost preobražavanja, možda sam to bio ja koji je pao na nečije ruke.

[Septembar 1920, M]

I onda sam među mnoštvom snova na kraju sanjao ovaj: Levo od mene je sedelo neko dete u košuljici (nije bilo baš sigurno, barem po onom što sam zapamtio od sna, da li je to moje dete, ali to me nije pogađalo), desno Milena, i oboje su se stisli uz mene dok sam im ja pričao priču o svom novčaniku, bio sam ga zagubio, ponovo sam ga našao, ali još ga nisam otvorio i nisam, dakle, znao da li je novac još u njemu. Ali, čak i ako je izgubljen, svejedno, samo kad su njih dvoje pored mene. – Ne mogu više, naravno, ponovo da osetim tu sreću koja me je nosila pred jutro.

[Druga polovina januara 1921, B]

San, kratak, prilikom grčevitog kratkog spavanja, grčevito sam ga se i čvrsto držao, bezmerno srećan. Razgranat san, koji je sadržavao istovremeno 1000 odnosa, namah razjašnjenih, ostao mi je jedva još spomen na osnovno osećanje: Moj brat je počinio neki zločin, mislim ubistvo, a ja i drugi smo umešani u taj zločin, kazna, razrešenje, iskupljenje približava se izdaleka, raste silno, po mnogim znacima primetno je njegovo nezadrživo primicanje, moja sestra, mislim, uvek obznanjuje te znake, dok ih ja uvek pozdravljam mahnitim uzvicima, i ta mahnitost se uvećava s primicanjem. Verovao sam da svoje pojedinačne uzvike, kratke izraze, zbog njihovog izrazitog smisla, nikad neću moći da zaboravim, ali sad ni jedan jedini više ne znam tačno. Mogli su to biti samo uzvici, jer govorenje mi je pričinjavalo znatan napor, morao sam da naduvam obraze i pri tome iskrivim usta, kao kod zubobolje, pre nego što bih izustio ijednu reč. Sreća se sastojala u tome što je kazna došla i ja sam joj tako nesputano, ubeđeno i srećno izjavljivao dobrodošlicu da bi taj prizor morao da dirne i bogove, pa i tu dirnutost bogova osećao sam gotovo do suza.

[20. oktobar 1921]

Popodne sanjao čir na obrazu. Večito drhtava granica između običnog života i naoko stvarnijeg užasa.

[22. mart 1922]

[...] danas sam te višeput sanjao, ali od svega sam jedino zadržao da si Ti gledao s nekog prozora, strahovito mršav, s licem kao pravilni trougao [...].

[Oko 13. avgusta 1922, B]

SAČINJENI SNOVI

Vidim li kobasicu, s ceduljom na kojoj stoji da je to stara i tvrda domaća kobasica, ja u svojoj uobrazilji zagrizem u nju celom čeljusti i gutam brzo, ravnomerno i bezobzirno poput mašine. Moju žurbu uvećava očajanje koje se čak i u predstavi javlja kao neposredna posledica ovog čina. Dugu kožuru s rebara nesažvakanu ubacujem u usta, a potom je izvlačim napolje, kidajući stomak i creva. Pustošim prljave bakalnice, proždirući sve u njima. Punim sebe haringama, krastavcima i svakojakim lošim i dotrajalim ljutim jelima. Bombone se u mene sručuju kao ledena tuča iz svojih limenih kutija. Tako se naslađujem ne samo svojim zdravim stanjem nego i nekom patnjom, koja je bez bolova i koja smesta može da prođe.

[30. oktobar 1911]

Stalna predstava nekog širokog mesarskog noža koji najhitrije i mehanički ravnomerno prodire sa strane u mene i iseca veoma tanke kolutove koji se, usled tog brzog rada, razleću bezmalo uvijeni.

[4. maj 1913]

Kroz prozor u parteru neke kuće biti uvučen konopcem namaknutim na vrat, i bezobzirno, kao da to čini neko ko ne obraća pažnju, raskrvavljen i izderan biti provlačen kroz sve sobne tavanice, kroz nameštaj, zidove i tavan, sve dok se na krovu ne pojavi prazna omča koja je moje ostatke zagubila tek prilikom probijanja crepova na krovu.

[...]

Taj čekrk duboko u meni. Neka kukica iskoči, negde na skrovitom mestu, jedva da to u prvom trenutku i znamo, a već je ceo uređaj u pokretu. Potčinjeni smo nekoj nedokučivoj moći, onako kako je, izgleda, časovnik potčinjen vremenu, tu i tamo pucketa i svi se lanci, jedan za drugim, zveketavo spuštaju za propisanu meru.

[21. jul 1913]

Digoh se s kanabeta, na kojem sam ležao skupljenih kolena, i uspravih se. Otvoriše se vrata koja su vodila sa stepeništa pravo u moju sobu i uđe neki mlad čovek, oborene glave i ispitivačkog pogleda. Koliko je to bilo mogućno u tesnoj sobi, zaobišao je kanabe i zastao u mračnom uglu pored prozora. Hteo sam da pogledam kakva je to pojava, priđoh onamo i uhvatih čoveka za ruku. Bio je to živ čovek. Nešto niži od mene, sa osmehom je podigao pogled prema meni, a već bezbrižnost dok mi je klimnuo glavom i rekao „Ispitajte me samo" trebalo je da me u to uveri. Uprkos tome, ščepao sam ga napred za prsluk i pozadi za sako i prodrmusao ga. Pade mi u oči njegov lep debeo zlatan lanac od časovnika, zgrabio sam ga i otkinuo tako da se razderala rupica za dugme na kojoj je bio pričvršćen. On je to otrpeo, samo je na časak spustio pogled na pričinjenu štetu i zaludno pokušavao da prikopča dugme prsluka kroz izderanu rupicu. „Šta to radiš?" reče najzad i pokaza mi prsluk. „Samo miruj!" rekoh mu preteći.

Počeo sam da jurim okolo po sobi, korak sam zamenio kasom, kas galopom, i svaki put kad bih prošao pored čoveka, digao bih pesnicu prema njemu.

Nije me čak ni gledao, nego se još trudio oko prsluka. Osećao sam se izuzetno slobodan, disanje mi je bilo već krajnje neobično, samo je odelo sprečavalo da mi se grudi divovski isprse.

[26. oktobar 1913]

Oteo se iz njenih krugova. Magla je kružila oko njega. Okrugao šumski proplanak. Ptica feniks u grmlju. Ruka koja stalno ponavlja znak krsta na nevidljivom licu. Hladna večita kiša, kolebljiva pesma kao iz grudi što dišu.

[30. jul 1917]

„Ne, pusti me! Ne, pusti me!" – tako sam neprestano vikao duž ulica, a ona me je stalno hvatala, stalno su me udarale sa strane ili mi se preko ramena zarivale u grudi sirenine ruke s kandžama.

[10. avgust 1917]

Postojan san. Trčala je drumom, nisam je video, opažao sam jedino kako vitla u trku, kako joj veo leprša, kako joj se noga diže, sedeo sam na ivici polja i gledao u vodu potoka. Ona je prohujala selima, deca su stajala kod kapija, gledala je kad dolazi, gledala je dok odlazi.

[Bez datuma, O]

Stajao sam na balkonu svoje sobe. Bilo je veoma visoko, brojao sam redove prozora, bilo je to na šestom spratu. Ispod su bili travnjaci, bio je tu i mali trg zatvoren s tri strane, bio je to svakako Pariz. Ušao sam u sobu, vrata sam ostavio otvorena, izgledalo je, doduše, da je tek mart ili april, ali dan je bio topao. U jednom od uglova nalazio se mali, veoma lak pisaći sto, mogao sam da ga podignem jednom rukom i njime vitlam po vazduhu. Ali, sad sam seo za sto, mastilo i pero bilo je spremno, hteo sam da napišem jednu razglednicu. Nesiguran da li imam razglednicu, mašio sam se za džep, onda čuo neku pticu i primetio, kad sam se osvrnuo, da se na balkonu, na zidu kuće, nalazi ptičja krletka. Odmah sam opet izišao, morao sam da se uzdignem na vrhove prstiju da bih video pticu; bio je to kanarinac. Taj imetak me je veoma obradovao. Otkinuo sam listić zelene salate, gurnuo ga kroz rešetku, što dublje, i pustio pticu da ga glocka. Zatim sam se ponovo okrenuo prema trgu, protrljao ruke i ovlašno se nagnuo preko ograde. Učinilo mi se da me neko, s druge strane trga, iz sobe u potkrovlju, posmatra pozorišnim dogledom, verovatno zato što sam bio novi stanar; bilo je to jadno, ali možda je u pitanju neki bolesnik kome je pogled kroz prozor ceo svet. Pošto sam u džepu ipak otkrio jednu razglednicu, ušao sam u sobu da je ispišem; na karti, dabome, nije bio nikakav pogled na Pariz, nego samo slika s nazivom večernja molitva, a videlo se neko mirno jezero, u pozadini malo trske, u središtu brodić u kojem je mlada majka sa svojim detetom u naručju.

[Bez datuma, O]

Ustao sam i video kako se iz lučnog prozorčića kabine sagrađene usred brodića ispruža neka ruka i maše u pozdrav, a za njom se pomolilo i izrazito lice neke žene zabrađeno crnom maramom. „Majko?" pitao sam osmehnuvši se. „Ako hoćeš", reče ona. „Ali, znatno si mlađa od oca?" rekoh. „Da", reče ona, „znatno mlađa, on bi mogao da mi bude deda, a ti muž." „Znaš li", rekoh, „baš je čudesno kad noću čovek plovi brodićem, a odjednom je i neka žena tu."

[Bez datuma, O]

„Veliki plivač! Veliki plivač!" – uzvikivali su ljudi. Vratio sam se sa olimpijade u Antverpenu gde sam oborio svetski rekord u plivanju. Stajao sam na staničnom stepeništu u svom rodnom gradu i gledao – gde je ona? – na nerazgovetnu gomilu u večernjem sumraku. Devojka, koju sam ovlaš pomilovao po obrazu, okretno mi je ovila ešarpu na kojoj je na nekom stranom jeziku pisalo: Olimpijskom pobedniku. Dovezao se automobil, nekolicina gospode me je uguralo u njega, sa mnom su se vozila i dva gospodina, gradonačelnik i još neko. Ubrzo smo se našli u svečanoj sali, sa čije galerije je pevao hor kad sam ulazio, svi gosti, a bilo ih je na stotine, ustali su i ritmički uzvikivali nešto što nisam tačno razumeo. Levo od mene je sedeo ministar, ne znam zašto me je taj naziv tako preplašio prilikom upoznavanja, divlje sam ga merio očima, ali ubrzo sam se pribrao. Desno je sedela gradonačelnikova supruga, bujna dama, i sve mi je na njoj, posebno u visini grudi, izgledalo nadeveno ružama i strukovima perja. Preko puta mene sedeo je deblji čovek sa upadljivo bledim licem, čije sam ime prečuo prilikom upoznavanja, nalaktio se na sto – njemu je posebno bilo namenjeno više mesta – gledao pred sebe i ćutao; desno i levo od njega sedele su dve lepe plavuše, bile su vesele, neprestano su imale nešto da ispričaju i ja sam prelazio pogledom od jedne do druge. Nadalje, uprkos raskošnom osvetljenju, nisam bio kadar da goste jasno raspoznam, možda i zato što je sve bilo u pokretu, poslužitelji su obigravali, jela posluživana, čaše podizane, možda je sve bilo čak suviše osvetljeno. Postojao je i izvesni nered, uostalom jedini, koji se izražavao u tome što je nekoliko gostiju, naročito dame, sedelo leđima okrenutim stolu, i to ne tako što bi između stola i njih bili nasloni fotelja, nego su leđima bezmalo dodirivali sto. Skrenuo sam na to pažnju devojkama plavušama preko puta mene, ali dok su one inače bile tako govorljive, ovaj put nisu ništa rekle, nego su se samo nasmejale, uputivši mi dug pogled. Na znak zvonceta – poslužitelji su se ukočili između stolica – ustao je debeljko preko puta i održao govor. Zašto je čovek samo bio tako tužan! Tokom govora, maramicom je tu i tamo kvasio lice; to je moglo da prođe, dalo se razumeti, imajući u vidu njegovu debljinu, vrućinu u sali, govorničko naprezanje, ali ja sam jasno primetio da je to bilo tek lukavstvo koje je trebalo da prikrije da on upija suze u očima. Pri tome me je neprestano gledao, ali tako kao da ne vidi mene nego moj otvoreni grob. Pošto je on završio, ja sam naravno ustao i takođe održao govor. Bio sam upravo podstaknut da govorim, budući da je mnogo šta ovde i verovatno drugde iziskivalo javno i otvoreno objašnjenje, stoga sam počeo:

Poštovani uzvanici! Meni je pripisan jedan svetski rekord, ali ako biste me pitali kako sam ga postigao, ne bih umeo da Vam odgovorim na zadovoljavajući način. Zapravo, ja ne umem čak ni da plivam. Nekad sam hteo da naučim, ali nisam nikad ulučio priliku za to. A sad, kako je došlo do toga da me otadžbina pošalje na Olimpijadu? Upravo je to pitanje koje i mene zanima. Najpre moram da utvrdim da ovde nisam u svojoj otadžbini i uprkos velikom naprezanju ne razumem niti jednu reč koja je ovde izgovorena. Najčistije bi onda bilo da poverujemo da je u pitanju neka zamena, ali nikakve zamene nema, ja sam zadobio rekord, putovao sam u svoju otadžbinu, zove se onako kako Vi mene nazivate, dotle je sve u redu, ali odatle ništa više nije u redu, naprosto nisam u svojoj otadžbini, ne poznajem Vas i ne razumem. I sad još o nečemu što u neku ruku, ne baš neposredno, ali ipak protivreči mogućnosti zamene: ne smeta mi preterano da Vas ne razumem, a ni Vama, izgleda, preterano ne smeta da me ne razumete. Jedino što, verujem, znam o besedi mog poštovanog gospodina predgovornika jeste da je ona bila neutešno tužna, ali to znanje ne samo da mi nije dovoljno nego mi je, štaviše, još suvišno. Slično stoji i sa svim razgovorima koje sam ovde vodio od svog dolaska. Ipak, vratimo se na moj svetski rekord.

[Bez datuma, O]

„Jesmo li na dobrom putu?" pitao sam našeg vodiča, nekog grčkog Jevrejina. On okrete prema meni svoje bledo lice koje je, u svetlosti buktinje, bilo blago i tužno. Izgledalo mu je potpuno svejedno da li smo na dobrom putu. Kako li smo samo došli do ovog vodiča koji, umesto da nas vodi ovuda, po katakombama Rima, sve vreme jedino ćutke ide s nama tamo kuda mi idemo? Zastao sam i sačekao dok se čitava naša grupa nije okupila. Upitao sam da li neko nedostaje; nije primećeno. Morao sam se time zadovoljiti, jer nikog od njih lično nisam ni poznavao; u metežu, kao stranci, spustili smo se u katakombe iza vodiča, i tek sad sam pokušavao da s njima sklopim neku vrstu poznanstva.

[Bez datuma, O]

Neprestano juriš napred, potom romoriš u mlakom vazduhu, s rukama sa strane kao perajima, u polusnu hitanja bacaš ovlašan pogled na sve pored čega prolaziš, jedared će te i kola pregaziti. Ali, ti si istrajan, silinom svog pogleda omogućavaš korenju da seže duboko i široko – ništa ne može da te skrene s puta, a to pak i nije korenje, nego jedino silina tvog usredsređenog pogleda, zatim ćeš i ugledati nepromenljivu tamnu daljinu iz koje ništa ne može da naiđe osim, jednom, baš kola, da, evo ih, bivaju sve veća, i u trenu, kad su prispela do tebe, ispunjavaju svet i ti toneš u njih kao što dete tone u meko sedište putničkog vagona koji juri kroz oluju i noć.

[Bez datuma, O]

Naoštrio sam kosu i počeo da kosim. Preda mnom na zemlju pada tamna masa, ja koračam kroz nju, ne znajući šta je to. Iz sela dopiru upozoravajući povici, ali ja ih smatram ohrabrujućim glasovima i nastavljam. Dospeo sam do malog drvenog mosta, sad je posao okončan i kosu predajem čoveku koji je čekao na tom mestu, i on je ispruženom rukom prihvata, dok me drugom, kao da sam dete, pomilova po obrazu. Kad sam bio nasred mosta, obuze me sumnja da li sam na dobrom putu, i pozvah glasno u mrak, ali niko ne odgovori. Onda sam se povrnuo na čvrsto tlo da bih pripitao čoveka, ali njega tamo više nije bilo.

[Bez datuma, O]

„Kako sam ovamo dospeo?" viknuh. Bila je to srazmerno prostrana dvorana osvetljena blagom električnom svetlošću, uz čije zidove sam koračao. Doduše, u njima je bilo nekoliko vrata, ali kad biste ih otvorili, našli biste se, onda, pred tamnom i glatkom kamenom liticom koja jedva da je bila rukohvat daleko od praga na koji ste kročili, i pružala se pravo gore i sa obe strane u nesaglediva daljinu. Tu nije bilo izlaza. Samo jedna vrata vodila su u pokrajnju sobu čiji je izgled nudio više nade, ali ne manje čudnovat nego u slučaju ostalih vrata. Videli biste carsku sobu, u kojoj je preovlađivalo crveno i zlatno, i u kojoj se nalazilo više ogledala, visokih koliko zid, i veliki stakleni luster. Ali, to još nije bilo sve.

[Bez datuma, O]

Bilo mi je dopušteno da uđem u neki strani vrt. Pri ulasku trebalo je savladati nekoliko teškoća, ali naposletku se iza nekog stočića polupridigao čovek i pružio mi tamnozelenu značku koja se šnalicom prodevala kroz rupicu od dugmeta. „Pa to je orden", rekoh u šali, ali čovek me samo kratko potapša po ramenu, onako kao da hoće da me smiri – ali zašto da me smiri? Pogledom smo se sporazumeli da sad mogu da uđem. Ali, posle nekoliko koraka setih se da još nisam platio. Htedoh da se okrenem i vratim, ali onda videh da je upravo kod stočića neka pozamašna dama u putnom ogrtaču od žućkastosivog grubog sukna i da plaća gomilom metalnog sitniša. „To je za Vas", preko glave duboko sagnute dame doviknuo je čovek koji je verovatno opazio moj nemir. „Za mene?" pitao sam u neverici i osvrnuo se oko sebe da nije mislio na nekog drugog. „Uvek te sitnice", reče gospodin koji je dolazio s travnjaka, polako mi presekao put i opet produžio travnjakom. „Za Vas. Za koga inače? Ovde ljudi plaćaju jedni za druge." Zahvalio sam za to svakako preko volje dato obaveštenje, ali sam na to gospodinu primetio da ja za nikog nisam platio. „Za koga biste pa trebalo da platite?" reče gospodin odlazeći. U svakom slučaju htedoh da pričekam damu i pokušam da se s njom dogovorim, ali ona krete drugom stazom, odšuštavši sa svojim ogrtačem, a za njenom moćnom figurom je blago vijorio plavkasti šešir s koprenom. „Zadivljuje Vas Izabela", reče neki šetač pored mene i istovremeno pogleda za damom. Posle jednog časka reče: „To je Izabela."

[Bez datuma, O]

SAN

Jozef K. je sanjao:
Bio je lep dan i K. je hteo da prošeta. Ali, tek što je dvaput zakoračio, već se našao na groblju. Staze su tamo bile veoma neprirodne, nepraktično iskrivudane, ali on je jednom od takvih staza, nepokolebljivo se držeći kao da lebdi, naprosto klizio kao po vodenoj

bujici. Izdaleka je već uočio jednu nedavno nabacanu humku, kod koje je hteo da se zadrži. Ta grobna humka delovala je na njega maltene zavodljivo i pomišljao je da neće moći da do nje stigne čak dovoljno hitro. Ali, pokatkad jedva da je video humku, zaklanjali su mu je barjaci, čija platna su vihorila i velikom silinom udarala jedno o drugo; barjaktari se nisu mogli videti, ali tamo kao da se nešto uveliko proslavljalo.

Dok mu je pogled još bio uperen u daljinu, odjednom je tu istu humku video pored sebe, ukraj staze, skoro već iza sebe. Žurno je skočio u travu. Pošto je pod njegovom odskokom staza i dalje jurila, on se preturi i pade pravo kod humke na kolena. Iza groba su stajala dva čoveka i između sebe u vazduhu držala nadgrobni kamen; samo što se K. pojavio, oni utisnuše kamen u zemlju i ovaj je stajao kao uzidan. U taj mah iza grma iziđe treći čovek, za koga je K. smesta prepoznao da je reč o nekom umetniku. Bio je samo u pantalonama i u nespretno zakopčanoj košulji; na glavi je nosio somotsku kapu; u ruci je držao običnu olovku kojom je već, dok se približavao, u vazduhu crtao figure.

Olovku je sad prineo gornjem delu kamena; kamen je bio veoma visok i nije morao čak ni da se saginje, ali je morao da se nagne napred, jer ga je humka, na koju nije želeo da stane, razdvajala od kamena. Stajao je, dakle, na vrhovima prstiju i levom rukom se oslanjao o površinu kamena. Nekom naročito veštom izvedbom uspevao je da običnom olovkom ispiše zlatna slova; napisao je: „Ovde počiva" – Svako slovo izgledalo je čisto i lepo, duboko urezano i potpuno pozlaćeno. Kad je napisao te dve reči, pogledao je, osvrnuvši se, prema K., a K., žudno iščekujući nastavak natpisa, jedva da je i mario za čoveka, nego se usredsredio samo na kamen. Čovek se, stvarno, ponovo baci na pisanje, ali nije mogao, postojala je nekakva prepreka, pa spusti olovku i ponovo se okrete prema K. Sad je i K. pogledao umetnika i opazio da je ovaj prilično zbunjen, ali nije umeo da kaže šta je tome uzrok. Sva njegova ranija živahnost bila je iščezla. Otuda se i K. nađe zbunjen; izmenjivali su bespomoćne poglede; iskrsnuo je neki mrski nesporazum koji nijedan od njih nije bio kadar da reši. U nedoba poče sad da se oglašava i malo zvono s grobljanske kapele, ali umetnik zamlatara uzdignutom rukom i ono prestade. Časak kasnije ono ponovo poče, ovaj put veoma tiho, ali odmah prekide bez posebne opomene; bilo je kao da hoće samo da oproba svoj zvon. K. beše neutešan zbog položaja u kojem se umetnik zatekao, pa se zaplaka i jecao je dugo u prinete šake. Umetnik je sačekao dok se K. nije primirio, a zatim je, ne videvši nikakav drugi izlaz, ipak odlučio da nastavi s pisanjem. Prva mala crta koju je povukao, bila je za K. izbavljenje, ali umetnik ju je očigledno izveo samo uz krajnje unutrašnje protivljenje; ni ispis nije bio više onako lep, pre svega kao da je nedostajalo zlata, crta se pružala bledo i nesigurno, jedino što je slovo ispalo poveliko. Bilo je to J, bilo je bezmalo već završeno, i tu umetnik besno lupi stopalom po humci tako da zemlja unaokolo prhnu uvis. Najzad ga je K. razumeo; nije bilo više vremena da ga skloni molbom; sve prste zaroni u zemlju koja nije pružala gotovo nikakav otpor; kao da je sve bilo pripremljeno; samo je privida radi bio nasut tanak sloj zemlje; pod njim se odmah otvorila velika jama okomitih zidova, u koju je K., blagim strujanjem okrenut na leđa, potonuo. Ali, dok je on dole dizao glavu, a neprobojna dubina ga već prihvatala, gore na kamenu munjevito je dopisivano njegovo ime, velelepno ukrašeno.

Očaran tim prizorom, on se probudi.

[1914][45]

Pozivali su. Bilo je lepo. Ustali smo, najrazličitiji ljudi, okupili se pred kućom. Ulica je bila tiha, kao svakog jutra u osvit. Pekarski šegrt spustio je korpu i gledao nas. Svi su zbijeni jedan uz drugog strčali niz stepenice, stanari svih 6 spratova bili su izmešani, ja lično pomogao sam trgovcu s prvog sprata da obuče kaput koji je dotle vukao za sobom. Taj trgovac nas je vodio, to je bilo pravo, od svih nas on je najviše sveta prošao. Najpre je uveo malo reda u gomilu, najnemirnije opomenuo na mir, uzeo je šešir bankarskog činovnika, kojim je ovaj neprestano mahao, i bacio ga na drugu stranu ulice, svako dete bi neko od odraslih uzeo za ruku.

[21. jul 1916]

Oni koji su bili spremni da umru, ležali su na podu, oslanjali se o nameštaj, cvokotali zubima, ne mičući se s mesta opipavali su zid.

[Bez datuma, O]

NAPOMENE

1 Iz pisma Greti Bloh *(Grete Bloch)*.

2 Ovim zapisom sna u Kafkinom dnevniku počinje mala skupina tekstova o igračici Jevgeniji Eduardovoj (1882–1960). Ti zapisi nisu datirani, ali im u osnovi leži realan događaj. U Pragu je 24. i 25. maja 1909. godine nastupao Petrogradski carsko-ruski balet. Kafka je nesumnjivo bio na jednoj od njihovih predstava, jer je januara 1913. godine pisao svojoj kasnijoj verenici Felici Bauer: „[...] sutra idem da gledam ruski balet. Jednom sam ga već gledao pre 2 [!] godine i potom mesecima sanjao o njemu, naročito o vatrenoj igračici Eduardovoj."
Upravo ti tekstovi u dnevniku pokazuju koliko je za Kafku doživljaj sna bio književno plodan. Najpre je zapis sna završavao rečenicom: „Oh, ne, rekao sam, niste i zaključih san." Pošto je već ispod beleškice stavio kraću vodoravnu crtu, Kafka je precrtao završnu polovinu rečenice i zamenio je sledećom: „i okretoh se da odem u proizvoljnom smeru." I odmah je napisao nastavak koji počinje rečima: „Pre toga sam je pitao..." Mogućno je, dakle, da ovaj nastavak više ne pripada snu, nego je već slobodno domišljanje i obeležava prelazak u književnost. U svakom slučaju jesu književno-fiktivne skice koje su priključene početnom zapisu sna. U prvoj je ispričano kako se Eduardova u pratnji dvojice violinista vozila tramvajem, u drugoj Kafka zamišlja slučajan susret sa igračicom „koja i nije tako lepa kao na pozornici". Oba ova teksta su jezički strogo obrađena, na šta ukazuje i veliki broj precrtavanja, zamena i preraspore-

divanja u rukopisu. U zapisu sna, naprotiv, nalazimo tek neke manje ispravke grešaka učinjenih prilikom brzog zapisivanja.

3 Kafka je oktobra 1910. godine, zajedno s braćom Brod (Maks: 1884–1968 i Oto: 1888–1944), putovao u Pariz. Pojava bolnih čireva prinudila ga je da se, bez svojih saputnika, pre vremena vrati u Prag. San je ispisan na jednoj od tri razglednice koje su bile upućene na *Monsieur Otto Brod / Paris / Grand Hotel La Bruyère*. Obraćanje je, razumljivo, glasilo „Dragi Maks". Kafka je želeo da svog prijatelja pre svega obavesti o svom zdravlju, pri čemu je uveren da su mu se apscesi na koži pojavili prvenstveno pod uticajem „internacionalne praške, nirnberške i naročito pariske kaldrme". Inače, kad je reč o uličnom saobraćaju u Parizu, Kafka je pokazao koliko je prema njemu osetljiv i prilikom svog drugog putovanja u taj grad, 1911. godine. Njegovi utisci našli su izraz u takazvanoj „Maloj automobilskoj priči" u kojoj je opisao sudar između automobila i „tricikla" (taj tekst se izvorno nalazi u Kafkinim „Putnim dnevnicima").

4 Ovom zapisu sna u dnevniku prethodi jadikovka koja je česta u Kafkinim pismima i dnevničkim tekstovima, i bila je formulisana u mnogobrojnim varijantama. Naime, on piše, i to da ne bi mogao da spava: „Oko 5 potrošen je i poslednji trag spavanja, samo sanjam, a to je napornije od bdenja." On pokušava da to i objasni: „Verujem da ova nesanica potiče samo otuda što pišem."

U ovom strašnom snu pojavljuje se i nekoliko realno postojećih osoba. Tetka iz Litomeržica je Karolina Kon, udovica Kafkinog ranopreminulog ujaka koji je u Litomeržicu posedovao trgovačku radnju. Robert Maršner (1865–1934) bio je izvršni direktor Zavoda za osiguranje prilikom nesreća na radu, gde je Kafka bio zaposlen od 1908. godine; bezmalo prijateljski odnos povezivao je Kafku s njegovim pretpostavljenim.

Uz zapisani san stoji: „Danas sam bio tako slab da sam čak i svom šefu [Ojgen Pfol, neposredni Kafkin prepostavljeni u pravnom odeljenju Zavoda] ispričao onu malu povest o detetu. – Sad sam se setio da naočare iz sna potiču od moje majke, koja uveče sedi pored mene i, dok igra karte, ispod svog cvikera gleda u mene, ne baš najprijatnije. Na njenom cvikeru se čak, što ranije koliko se sećam nisam primećivao, desno staklo nalazi bliže oku od levog."

5 Ovaj san mogao bi imati koren u onome što je Kafka doživeo na zajedničkom putovanju sa svojim prijateljem Maksom Brodom u Gornju Italiju i Pariz tokom avgusta i septembra 1911. godine. U Milanu su već obojica očevidno posetili bordel. U svom putnom dnevniku Kafka je zabeležio: „Transparentan natpis na ploči nad bordelom: *Al vero Eden.*" Onda potanko opisuje devojke. Ali, može biti da je on, na Brodovo žaljenje, odustao od zadovoljstva. U svakom slučaju, izveštaj o Milanu zaključen je kriptičnom noticom: „Ujutro se izviniti Maksu zbog bordela." Do takvog Kafkinog bekstva, sa izvesnošću možemo reći, dolazi nekoliko dana kasnije u Parizu; on piše: „[...] krupan korak kojim prilazi izabranica, madamin gest kojim me poziva... osećam da me nešto vuče ka izlazu. Ne mogu sebi da predstavim kako sam se našao na ulici, to se tako brzo odigralo." Tim najambivalentnijim osećanjima je, izgleda, prožet i subjekt sna, dok Maks, kako je opisan, u pretećem ambijentu „bez straha" kusa čorbu od krompira.

6 Postoji daleka mogućnost da su u ovaj san, kao i u onaj od 9. oktobra 1911, ušli utisci koje je Kafka pobrao na svom putovanju za letnji godišnji odmor 1911. godine. Brod i on su 27. avgusta imali presedanje u Cirihu, iako u njihovim zapisima nema nikakvog traga da su bili na nekom skupu tamošnje Armije spasa.

Docnije spomenuti Oto, ponovo je u pitanju brat Maksa Broda. Osim na već spomenutom putovanju u Pariz 1910. godine [vid. nap. 3], on je bio Kafkin saputnik i septembra 1909. godine kad su išli u Rivu i Brešu.

7 U ovom zapisu se pojavljuju mnogi lokaliteti praškog Starog grada o koje se Kafka od mladosti oslanjao. Stragradski trg je veliki središnji trg Starog grada. Kafkina rodna kuća nalazila se u blizini, a u kući na adresi Starogradski br. 2 porodica je stanovala od 1889. do 1896. godine. U Niklasovoj ulici (češki naziv je Mikulaševa) br. 36, stanovala je od juna 1907. godine. Na Trgu je i palata Kinski u kojoj se nalazila gimnazija, a koju je Kafka pohađao; kasnije je njegov otac u to zdanje preselio svoju trgovačku radnju. Građevinski kompleks sa starom Većnicom odvaja Starogradski od takozvanog Malog trga; na većnici je bio čuveni astronomski časovnik. Niklasova crkva i Tinska crkva nalazile su se na Trgu, na kome je bio i Marijin kip koji je odnesen 1918. godine. Spomenik češkom reformatoru Janu Husu osveštan je 1915. godine. Postojala je i Železna ulica, stari vodoskok pred Većnicom Kafka je poznavao iz priča i sa slika, a jedino carski dvorac – kako i sam primećuje – nije stvarno postojao.

Za „pozorište" i pozorišne predstave Kafka od septembra 1911. godine pokazuje pojačano interesovanje. U pitanju nije, svakako, bilo pozorište u tradicionalnom smislu; redovno je posećivao predstave jedne jidiške glumačke trupe kojoj su pripadali Manja Čisik i Jichok Levi, koje je Kafka poštovao, a s potonjim će gajiti i prijateljski odnos. „Jevreji", kako ih on naziva, nastupali su u praškom „Kafe Savoj" na improvizovanoj pozornici, na kojoj neka umetnička dekoracija, kako je on sanjao, nije bila ostvariva. Mogućno je da u snu, ipak, postoji izvesna reminiscencija na jednu od postavki Žargon-teatra; Kafka je, naime, 5. oktobra, gledao glumicu Floru Klug u muškoj ulozi: „Gospođa Klug, 'imitatorka muškaraca'. U kaftanu, kratkim crnim pantalonama, belim čarapama [...]."

8 „Prostrana zemlja" Artura Šniclera bila je, u sezoni 1911/12, u programu Novog nemačkog teatra. Šnicler je 30. oktobra 1911. godine prisustvovao izvedbi svog komada. Drama je davana i 18. novembra, dakle dan pre nego što je Kafka zapisao san. Nije isključeno da je on video premijernu izvedbu. Istina, nema prepoznatljivih paralela između snevane inscenacije i one kakva je stvarno ona tada mogla biti.

Emil Utic (*Utitz*, 1883–1956) bio je nekadašnji Kafkin školski drug. Predavao je, po pozivu, 1910. godine, kao docent za filozofiju na univerzitetu u Rostoku, i nije, kako je u snu, ni pomišljao na to da obrađuje Šniclerov komad. „Školski drug" koji se javlja kao takav u snu jeste Paul Kiš (*Kisch*, 1883–1944), brat „goropadnog reportera" Egona Ervina, ali kome atribut „nemački" nije pripisan samo na osnovu njegovih studija germanistike, nego i zbog njegovog nacionalnonemačkog opredeljenja. Glumica po imenu Gertrud Hakelberg bila je tada zaposlena u nemačkom Landesteatru, ali nije nastupala u izvedbama „Prostrane zemlje". Kafka je doista, zajedno sa Jichokom Levijem, 16. oktobra 1911. godine, u Češkom nacionalnom pozorištu, gledao jedan pozorišni komad, „Dubrovačku trilogiju" Ive Vojnovića. U dnevniku piše da mu je to veče bilo pokvareno, s jedne strane, zbog „očajnog komada i očajne izvedbe", a s druge, jer mu je Levi „povrh svega" priznao da ima triper: „Kad sam privukao njegovu glavu, kosa mu je dodirnula moju kosu, i mene je obuzeo strah zbog uvek moguće zaraze [...]." Valja dometnuti da je Kafka smatrao Šniclera slabim piscem, o čemu i govori u jednom od pisama Felici Bauer i izričito kaže da su drame i proze ovog ispunjene „ogromnom masom piskaranja".

9 Nije sigurno da li je Kafka ovde imao pred očima neku stvarno postojeću sliku francuskog slikara Žana Ogista Dominika Engra (1780–1867). I on sam u to podozreva dok zapisuje san, pa kaže „navodno" Engrova.

10 Ovaj san je očevidno povezan s Kafkinim boravkom u Berlinu, od kojeg je minulo već više od godinu dana (od 3. do 9. decembra 1910). Ugledni specijalista za pluća i direktor klinike za internu medicinu, Ernst fon Lajden preminuo je 5. oktobra 1910. godine, u Berlin--Šarlotenburgu; Kafkin boravak pada u vreme kad su u berlinskim novinama objavljivane posmrtne besede u čast preminulog.

Prema svom ocu, Hermanu Kafki, osećao je Kafka i u stvarnom životu snažnu potčinjenost. Videti, recimo, glasovito *Pismo ocu*.

11 Ovaj zapisak se nalazi u putnom dnevniku za „Vajmar/Jungborn 1912". Tokom jula 1912. godine Kafka je boravio u nekom sanatorijumu na Jungbornu u Harcu. A i pre toga je on već, s Maksom Brodom, preduzimao putovanje u Vajmar, pa je i više puta posetio Geteovu kuću, gde je, svakako, manje bio fasciniran predmetima koji su podsećali na mrtvog pesničkog kneza nego lepom mladom nastojnikovom ćerkom: „Geteova kuća. Primaće odaje. Ovlašan pogled na sobe za pisanje i spavanje. Žalostan prizor, podseća na mrtve dedove. [...] Još dok smo sedeli dole, na stepeništu, projurila je ona sa svojom malom sestrom pored nas. [...] Onda smo je ponovo videli u sobi s Junoninim poprsjem, pa onda gledajući iz baštenske sobe. Verovao sam da često još čujem njen korak i glas." Da se Kafka uopšte divio Geteu, potvrđuju mnoga mesta u njegovim pismima i dnevnicima. Ne samo da je poznavao mnoga njegova dela, nego je i sa zanosom čitao knjige o njemu.

U Pragu je, 28. februara 1912. godine, bio na večernjem recitalu čuvenog glumca Aleksandra Mojsija, koji je izgovorio i nekoliko Geteovih pesama. Na to je Kafka kritički primetio da su Geteove pesme nedostižne za recitatora, mada nije lako pronaći neku grešku prilikom recitovanja, jer sve vodi cilju.

12 Ovaj zapis takođe potiče iz vremena kad je Kafka boravio na Jungbornu. Tamo su upražnjavani alternativni postupci lečenja: muški pacijenti su stanovali u drvenim kolibama u „Gospodskom vazdušnom parku", gde su se kretali neodeveni, izvodeći vežbe disanja. Kafka je prema tome nagonski imao ambivalentni stav. Odbijao je da se svuče go, i zato su ga nazivali „čovek u kupaćim gaćama". Njegov opis predavanja nekog lekara o vazdušnoj terapiji ironično je distanciran: „9. jul [...] Sinoć predavanje o odelu. Kineskinjama osakate stopala da bi im se raširila zadnjica. [...] Lekar, nekadašnji oficir, smeh mu zvuči usiljeno, ludački, plačljivo, buršikozno. [...] (Iz njegovog jučerašnjeg predavanja: 'Ako imate čak i potpuno iskrivljene prste na nogama, pa takav prst istežete i pri tome duboko dišete, možete ga vremenom ispraviti.' Posle izvesnog vežbanja, polni organi rastu. Iz uputstava za ponašanje: 'Preporučuju se vazdušna kupanja u noći (ja prosto skliznem sa svog kreveta kad mi se ushte i iziđem na livadu pred svojom kolibom), samo se čovek ne sme suviše izlagati mesečini, to je škodljivo.') Naše savremeno odelo ne može čak ni da se pere!!!" Zabeležiće 11. jula: „Pokatkad me uhvati neko lako površno gađenje kada, dabome uvek na izvesnom odstojanju, ugledam te potpuno gole kako lagano prolaze između drveća. Njihovo trčanje nimalo ne popravlja stvar. [...] Ne dopadaju mi se ni starci kad goli preskaču plastove sena."

Na drugim stranicama Kafka se oseća veoma naklonjen Društvu poklonika vazdušnog lečenja. Tako, 22. jula te godine, piše Maksu Brodu: „Ne reci ništa protiv druženja! Ja sam zbog ljudi ovamo i došao i zadovoljan sam da se barem u tome nisam prevario [...]. Sigurno je da sam se malo promenio."

13 Ovde je nekoliko očiglednih paralela s prvim poglavljem takozvanog romana o Americi [*Nestali*], napisanim oktobra te godine, i u kojem je prikazano prispeće protagoniste u njujoršku luku. Na prvoj verziji

romana Kafka je radio već tokom boravka, jula 1912. godine, u sanatorijumu na Jungbornu. Njegovo interesovanje za život u Americi već ranije je dokumentovano. Tako je, recimo, Kafka bio 2. juna 1912. godine na predavanju češkog socijaldemokrate Františeka Soukupa, u kojem je ovaj, između ostalog, govorio o američkom izbornom sistemu. Čitao je i knjigu *Amerika danas i sutra* Artura Holičera (Berlin, 1912).

Na kraju zapisa o snu nalazi se i evokacija putovanja u Pariz 1910. i 1911. godine [vid. nap. 5].

14 Kafka je Felicu Bauer (1887–1960) upoznao 13. avgusta 1912. godine u stanu roditelja Maksa Broda. Felice je tada živela u Berlinu, gde je radila u kancelariji firme koja je proizvodila diktafone i parlografe. Kafka je 20. septembra iste godine započeo prepisku s njom, i ta prepiska se ubrzo intenzivirala (u razdoblju od 1912. godine do 1917, poslao joj nekih 700 pisama). Često se dešavalo da joj je dnevno pisao po dva, pa i tri pisma, i onda žudno, ponekad prestrašeno čekao na odgovor iz Berlina. Po njegovom mišljenju, krajnje traljava poštanska veza između Praga i Berlina bila je za njega stalni povod za uznemirenost. San o sreći da mu je poštar odjedared doneo dva preporučena pisma, bio je kao korigovanje stvarnosti, „izraz njegovih istinskih želja". Kafka, koji je, kako kaže, odlučio da „ne ustaje iz kreveta pre nego što pismo stigne", dopisuje uz priču o snu: „Ali, danas, po danu, morao sam poštara da dovučem na sasvim drugi način. Naši poštari su tako nehajni. Pismo je došlo tek u četvrt do 12, deset puta sam iz svog kreveta slao najrazličitije osobe napolje na stepenište, kao da će ga to namamiti da dođe gore, ja lično se nisam usudio da ustanem, ali u četvrt do 12 pismo je stvarno bilo tu, otvorio sam kovertu i pročitao ga u jednom dahu." A kad je reč o „prvom" snu u kome se Felice pojavljuje, a kojeg ovaj zapis pretpostavlja, o njemu Kafka govori u pismu od 8. novembra 1912. godine: „Imam samo neku nejasnu uspomenu na san u kome je reč bila o

Vama i, u svakom slučaju, prikazivao je nekakav nesrećan događaj."

15 Kao i u slučaju sna od 17. novembra 1912. godine, i u ovom snu sadržane su, u najširem smislu, teškoće komunikacije s Felice. Zaključni deo pisma glasi: „Uto se probudim, sav u groznici i očajan što si tako daleko od mene."

Najmlađa sestra, koja svom bratu pomaže da uspostavi vezu, jeste Otla (Otilija) Kafka (1892–1944) koja je svakodnevno i u mnogo čemu bila bratu od ruke. Posebno mu je bila od pomoći kad je Kafka oboleo od tuberkuloze. U jednom od svojih pisama Felice, on naziva Otlu svojom „najboljom praškom prijateljicom".

Kafka se stvarno bojao telefoniranja; svojoj korespondentkinji saopštio je to već 14. novembra 1912. godine: „Kako dobro mora da razumeš telefoniranje, kad možeš da se smeješ u telefonsku slušalicu. Meni se smeh gasi već kad samo pomislim na telefon."

16 Pisca Paula Ernsta (1866–1933) posetili su u Vajmaru Brod i Kafka jula te godine. Kafka piše u svom putnom dnevniku: „Paul Ernst. Brkovi preko usta i zašiljena bradica. Čvrsto se pridržava za stolicu ili za kolena, mada se ni u uzbuđenju (zbog svojih kritičara) ne pridiže žustro. – Stanuje na Hornu. Vila koju očigledno sasvim ispunjava njegova porodica."

Spomenuti Feliks jeste verovatno Kafkin prijatelj, filozof Feliks Velč (1884–1964). [Vid. nap. 34]

17 Pod „starim snom" koji se ne usuđuje da ispriča, Kafka verovatno misli na onaj pomenut u pismu od 8. novembra 1912. godine. [Vid. nap. 14]

Kafka je stvarno proslavio iduće godine svoju veridbu s Felice. Živopisan izveštaj o toj proslavi koja se odigrala u Berlinu, postao je bezmalo čuven: „6. jul '14. Vratio se iz Berlina. Bio vezan kao neki zločinac. Da su me sa istinskim okovima postavili u neki ćošak i okružili me žandarmima, pa samo na taj način dopustili da posmatram, ne bi bilo gore nego što je bilo. I to je bila moja veridba i svi su se trudili da me povrate u život i, pošto u tome nisu uspeli, da me trpe onakvog kakav sam bio."

18 Prvi susret s Felice u Berlinu odigrao se 23/24. marta 1913. godine. U san se, u Kafkinoj predstavi, očigledno mešaju i njegove uspomene na prvi susret s Felice u Pragu avgusta 1912. godine.

Nekoliko dana docnije Kafka je u novinama video sliku poznatog para, princeze Viktorije Lujze i njenog mladoženje. Ovako je opisuje Felici: „Njih dvoje šetaju po parku u Karlsrueu, ruku pod ruku, ali time nisu još zadovoljni, pa su ispreleli prste. Ako nisam te ispreletene prste gledao barem 5 minuta, onda sam ih gledao upravo 10 minuta."

19 Ovde maltene kao da i nije reč o snu nego o samoubilačkoj fantaziji, koja se može objasniti velikom fizičkom i psihičkom iscrpljenošću u koju je Kafka pao te noći. Tek što se, posle susreta s Felice, vratio iz Berlina, morao je po nalogu Zavoda u kojem je bio zaposlen da otputuje u Ausig. Veče uoči tog putovanja, pisao je Felici: „[...] neispavanost, umor i nemir gotovo su me lišili čula, a predstoji mi i da proradim ogromnu gomilu akata za sutrašnju raspravu u Ausigu. A da spavam, moram bezuslovno da spavam, jer sutra moram opet da ustanem u pola 5 izjutra." Dva dana kasnije – opet u Pragu – osvrće se još jednom na tu noć: „U noći od srede na četvrtak, dakle uoči putovanja u Ausig, otišao sam u krevet tek u 11 i po časova, pošto sam morao da prostudiram akte, ali uprkos svem umoru nisam mogao da zaspim, u 1 čas po ponoći čuo sam kako otkucava, a trebalo je da ustanem u pola 5." Na to je dodat opis sna, vizije. Takve su se suicidne predstave javljale Kafki često, pri čemu se kao najjednostavniji način oduzimanja života sebi javljao skok kroz prozor. Ta slika se javlja, recimo, i u dnevniku i najmanje jednom pismu Maksu Brodu.

20 Ovde je možda reč o odjeku na Kafkino putovanje u Berlin [vid. nap. 18]; Kafka je, međutim, u nemačku prestonicu putovao sam, a ne, recimo, s Maksom Brodom i njegovom ženom gospođom Elzom.

21 Jadanje zbog glavobolje mogli bismo reći da je lajtmotiv u Kafkinim dnevničkim zapisima. Istog dana beleži: „Ali, glavobolja, nesanica! Ipak, moram da se borim ili, bolje reći, nema mi izbora." Isti motiv nalazimo i u književnim tekstovima. U romanu *Proces*, Jozef K. ima utoliko češće glavobolje što njegov proces duže traje. Slično otkrivamo i u izvesnom broju priča.

22 Kafka je ovaj, u dnevniku zapisani san napisao još jednom i sutradan ga, 18. novembra 1913. godine, poslao Greti Bloh (1892–1944?). Tu Felicinu prijateljicu upoznao je malo pre toga. Ona je dolazila u Prag da bi posredovala između Felice i njega. Činjenica da joj je Kafka saopštio ovaj san, dobar je pokazatelj da se između njih dvoje brzo uspostavio i razvio relativno poverljiv odnos.
Međutim, u prepisanom tekstu u pismu nedostaje poslednja rečenica koja se nalazi u dnevniku. Ali, u pismu zato nalazimo dodatu uvodnu i zaključnu rečenicu, i to je prožeto samoironijom: „Ali, sad, pre nego što pođem na spavanje, da napišem još i jedan san koji sam juče snevao, da biste tako videli da sam ja i noću unekoliko aktivniji nego u budnom stanju." [...] „Tako ja pomažem ljudima i triciklima u noći."

23 Najmlađa Felicina sestra, Erna Bauer, tek je kasnije upoznala Kafku. Posle prvog raskida veridbe, jula 1914. godine, bio je on s njom u neredovnoj prepisci.

24 Kafka je u Berlin ponovo putovao 28. februara 1914. godine.

25 U svom dnevniku, upravo na dan 27. maja 1914. godine, Kafka skicira priču koja počinje na sledeći način: „Prvi put se beli konj pojavio jednog jesenjeg po-

podneva na širokoj, ali ne naročito živoj ulici grada A." Posle nekoliko stranica, tekst se prekida i zaključuje samokritičkim komentarom autora: „To ima smisla, ali je ravno, krv teče tanušno, suviše daleko od srca. Imam još zgodnih scena u glavi, pa ipak prekidam." Onda sledi zapis o oniričkom trenutku inspiracije, posle koga je dopisan i komentar uz književni pokušaj: „Ovo poslednje nije, nažalost, opovrgnuto gornjim početkom."

U Kafkinim dnevnicima možemo da otkrijemo ceo niz nacrta za takvu priču o konju. Recimo, pod datumom 27. mart 1914. godine, nalazimo odlomak koji počinje sa konjskom štalom u kojoj su timareni Famos, Grazaf, Turnemento, Rosina i Brabant. Većina tih priča i nacrta kod Kafke ima karakter oslobađajućih fantazija. Tako, o konju belcu nalazimo i odlomak dva meseca kasnije, 27. maja 1914. godine.

26 Kafka pomišlja očito na redovna, neobavezna večernja druženja koja je Fridrih Vilhelm I od Pruske uveo i koja su se odigravala u njegovom dvorcu *Bellevue* (dakle: *Lep pogled*). „Pušačka odaja" najverovatnije smera na neki savremeni slikarski prikaz sobe namenjene za pušenje kakva je postojala u vilama i dvorcima.

Zagonetna je pojava Matilde Serao (1856–1927). Italijanska književnica pisala je prvenstveno romane iz napolitanskog narodnog života. Njeno ime se, inače, nigde drugde ne pojavljuje u Kafkinim spisima. Nije isključeno da je on poznavao neku od njenih knjiga. Ipak, postoji izvesna veza, književna, između nje i cara Vilhelma II; u romanu *Svadbena noć* (1908) ona opisuje bal koji se dešava u Rimu u čast nemačkom caru.

27 O direktoru Maršneru, vid. nap. 4.

28 Maks Brod je u Pragu 1915. godine poučavao grupu izbegličke dece iz Galicije. Među tom decom su i sestre Fani, Estera i Tilka Rajs. Kafka je nekoliko puta kao gost učestvovao na časovima poučavanja i u tim prilikama dobro upoznao rečene sestre. O susretima i za-

jedničkom šetnjama s Fani Rajs piše on više puta u svom dnevniku; jedan od tih dnevničkih zapisa glasi: „[...] manje glavobolje. Šetnje s gđicom Rajs. [...] U gradskoj čitaonici. [...] Dve čudesne sestre Estera i Tilka kao suprotnost svetlosti i senke. Naročito je Tilka lepa [...]."

Ko bi mogle biti „dve miljenice", i u kakvom odnosu stoje sa sestrama Rajs, teško je tačno znati.

29 Kad je izbio rat, Kafka je često imao priliku da posmatra marširanje trupa praškim ulicama. Tako, 6. avgusta 1914. godine beleži: „Artiljerija prolazila preko Prokopa. Cveće, klicanje „živeo" i „nazdar"." U takvim prilikama otkrivao je u sebi „ništa do sitničavost, nesposobnost odlučivanja, zavist i mržnju prema borcima", pri čemu je u tome mogla igrati ulogu činjenica da je on bio oslobođen službe sa oružjem. Naročito mu je bio mrzak ura-patriotizam u čije zagovornike je svrstavao i svog oca, kao valjda i sve jevrejske trgovce u gradu.

U ovom zapisu sna spomenuti Feliks jeste sin Kafkine sestre Eli i Karla Hermana, rođen 1911. godine.

30 Doktor Emanuel Hancal bio je Kafkin kolega s posla u Zavodu za osiguranje.

31 Odnos s Felice, kojoj se Kafka januara 1915. godine ponovo približio, prolazi u to vreme kroz novu duboku krizu. Kafka se tokom septembra i oktobra 1916. godine često žali da od nje ne prima „nikakvih vesti".. Dok joj on sve to vreme redovno piše, često ne dobija odgovore na svoja pisma.

32 Prema Francu Verfelu (*Franz Werfel*, 1890–1945) Kafka je imao veoma ambivalentan stav; divljenje izmešano sa odbijanjem, čak mržnjom: „Mrzim V., ne zato što mu zavidim, ali i zavidim mu. Zdrav je, mlad i bogat, kod mene je u svemu suprotno."

Verfel boravi tada u Beču; bio je dodeljen tamošnjoj vojnoj pres-službi. Kafka ga je poslednji put sreo jula te godine u kući Maksa Broda.

33 Berta Fanta (1865–1918) bila je žena jednog praškog apotekara, koja je u Pragu oživljavala neku vrstu književnog kružoka. U njenoj kući bila su organizovana čitanja, predavanja i diskusije, prvenstveno sledbenika filozofa Franca fon Brentana, među koje su, barem u to doba, spadali i Kafkini prijatelji Feliks Velč i Maks Brod. Kafka je samo tek povremeno učestvovao u tim druženjima. U jednom od pisama Maksu Brodu, 6. februara 1914. godine: „Sutra jedva da ću doći kod Fante, ne ide mi se baš tamo."

U zbilji, Kafka jedva da je mogao da zamisli svog oca kao nekog ko bi se bavio „idejama o socijalnoj reformi". Naprotiv, u *Pismu ocu*, on mu baš prebacuje nesocijalan stav koji otac ispoljava u odnosu prema svojim nameštenicima.

Feliks koji se spominje u ovom snu isti je koji se pojavljuje u snu od 19. aprila 1916. godine, naime Kafkin sestrić. [Vid. nap. 29]

34 Pošto mu je dijagnostikovana tuberkuloza pluća, Kafka je sredinom septembra 1917. godine otputovao u Cirau, na severozapadu Češke, gde je njegova sestra Otla raspolagala seoskom kućom.

Feliks Velč drži tada tečaj o političkim i književnim temama. August Zauer, koji se u snu pojavljuje kao jedan od njegovih slušalaca, bio je Kafki poznat samo tokom kratkog vremena njegovog studiranja germanistike. Štaviše, taj profesor nemačke književnosti bio mu je omražen zbog nacionalnonemačkog i antisemitskog stava, i utoliko ga smatrao odgovornim što je on ubrzo napustio svoje studije germanistike.

Oskar koji se pominje, nesumnjivo je slepi pisac Oskar Baum (1883–1941), koji je zajedno s Velčom i Brodom spadao u Kafkine najbliskije prijatelje. Pod izrazom „san o Cukerkandlu" Kafka pokušava da samoironično evocira podatak o kome mu je Velč pisao u pismu od 17. oktobra 1917. godine: „Razgovor s dvorskim savetnikom Cukerkandlom o – Tebi. On Te je kao stvaraoca dizao u nebesa. Njegova tašta je u nekoj banji od neke ljubazne dame slušala o izvesnom piscu Francu Kafki koji se bezuslovno mora pročitati. Ova je poželela knjigu i dobila je. Tako je i dvorski savetnik pročitao četiri stranice i bio oduševljen: 'Moram da ga ipak poznajem ako je on naš doktor.'" U pismu krajem oktobra 1917. godine, Kafka se još jednom vraća na tu epizodu. O Lidiji Holcner Maks Brod primećuje da je ona bila „rukovodilac nekog devojačkog internata u Pragu".

35 Na Taljamentu u Gornjoj Italiji tada su ujedinjene austrougarske i nemačke vojne snage pobednički potiskivale Italijane. Naravno, u dnevnim novinama redovno je izveštavano o toku borbi.

36 Velč je držao predavanja na političke i književne teme. Praški profesor filozofije Oskar Kraus zapodenuo je sa svojim bivšim učenikom Velčom ironični disput o tim predavanjima. Kad bi Velč sledio Kafkin savet, značilo bi to još jednu provokaciju više.

37 Kafka je ovo pismo pisao iz Šelezena gde je boravio na oporavku u pansionu Štidl.

Brod daje sledeće objašnjenje o kojim se to njegovim patnjama mislilo u Kafkinom nagoveštaju: „Odnosi se na jedan san u kojem su me mučile jevrejske i cionističke katastrofe. Stanje u Palestini je tada bilo kritično."

U nastavku pisma, Kafka objašnjava šta misli pod jevrejskim: „Jevrejsko je mlada devojka koja je, nadajmo se, tek malo obolela. Obična i čudesna pojava." U stvari, on cilja na Juliju Voriček (1891–1939), ćerku služitelja u praškoj sinagogi, s kojom se docnije verio.

38 Hlavatá (češki): tvrdoglava. Otla je u porodici bila poznata po svojoj duhovnoj nezavisnosti koja se ispoljavala i kao prkos prema ocu. Zbog toga nije bila mila ocu, ali je Kafka verovao da u njoj ima saveznicu. O tome piše i u *Pismu ocu*, o Otli koja nema nikakve veze sa ocem i sama mora da traži svoj put, kao i on sam itd.

39 „Samoodbrana" bio je naziv za praški cionistički nedeljnik, koji je Kafka od 1917. godine redovno čitao. On je naručio da tu reviju dobija i u Meranu gde je radi lečenja boravio aprila 1920. godine.
Marta Levi je nesumnjivo Kafkina rođaka.

40 Otla se zbližila s Jozefom Davidom (1891–1963), češkim katolikom, s kojim se, uprkos stavu roditelja i rođaka, i venčala 15. jula 1920. godine. Njen brat ju je u tome nedvosmisleno podržavao. Otla ga je očevidno i u pisanom obliku molila za mišljenje, jer u početnom delu pisma Kafka je, a da to i ne kaže otvoreno, ohrabruje na brak s Davidom. Na taj deo pisma i cilja Kafka kad kaže „gorespomenuta tema". U snu spomenuti „on" – jeste David.

41 Kafka je Milenu Jesensku (1896–1944) upoznao u jesen 1919. godine u Pragu. Ona je živela tada sa svojim mužem Ernstom Polakom u Beču i radila, između ostalog, kao prevoditeljka na češki jezik. U aprilu 1920. godine, iz Merana gde je bio na lečenju, započeo je Kafka prepisku s njom. Konkretan povod za korespondenciju bio je najpre češki prevod „Ložača" koji je uradila Milena. Ali, ubrzo se prepiska pretvorila u ljubavnu, koja se u mnogo čemu može upoređivati sa onom koju je održavao s Felice Bauer. Tako, kao što je ranije bilo sa susretom s Felice u Berlinu, sanjao je o tome sad i o mogućnom susretu s partnerkom u Beču. Kad je Kafka zapisao ovaj san, na vidiku je već bio kraj boravka u Meranu, pa se pojavljivala i mogućnost susreta s Milenom u Beču prilikom povratka u Prag. U snu, u kojem Kafka čak preduzima „lukave pokušaje" da bi saznao adresu voljene, kao kontrast je njegov istinski stav koji je izrazio u pismu dan ranije na sledeći način: „Da li dolazim u Beč, danas još ne mogu da kažem, ali verujem da ne dolazim. Ako sam ranije imao mnoge protivrazloge, danas imam samo jedan, naime da to prevazilazi moje duhovne snage, a tu je i neki dalji, sporedni razlog, da je to za nas oboje bolje."

42 Dvoje šaty mam a prece slušne vypadam (češki): Imam samo dve haljine, a ipak izgledam krasno.

43 Milena je očevidno molila od Kafke adresu kompozitora Hansa Krasa (1899–1944), koji je spadao u krug umetnika koji su se sastajali u Kafeu Kontinental. Pomenuti Rajner je urednik „Tribune" Jozef Rajner (1898–1920), koji je 19. februara 1920. godine oduzeo sebi život, jer mu je žena, Milenina prijateljica, bila neverna. Kafka je taj događaj primio kao upozorenje da ne rastura Milenin odnos prema njenom mužu Ernstu Polaku. Milena mu se, međutim, često žalila na muževljevo rđavo postupanje s njom i nagoveštavala da želi da ga napusti.

44 Milenin rođendan padao je 10. avgusta. Jula je već ona saopštila Kafki da se, zbog finansijske nevolje u kojoj su se ona i njen muž stalno nalazili, nudila da na bečkim stanicama radi kao nosačica prtljaga.

45 Ovaj tekst je Kafka više puta objavljivao i, između ostalog, uvrstio ga u zbirku pripovedaka *Seoski lekar* (1919). On spada u okružje romana *Proces*, mada se ne nalazi u njemu. Skica je svakako imala ulogu da pisanje učini protočnijim; gledano metaforički, ovde je prikazan proces umetničkog stvaranja. Junak, Jozef K., mora najpre da umre da bi umetnik mogao da dovrši svoj ispis. Kafka je završno poglavlje romana, čiji se protagonist takođe zove Jozef K, napisao kad i početno poglavlje. U tom završnom poglavlju, Jozef K. je osuđen, to jest autor je pustio da njegov junak umre pre nego što je započeo istinski rad na svom romanu.

Skraćenice

B – Iz prepiske s Maksom Brodom : *Max Brod. Franz Kafka. Eine Freundschaft. Briefwechsel*, S. Fischer, Frankfurt am Main, 1989.

V – Iz prepiske s Feliksom Velčom : *Briefe 1902– 1924*, S. Fischer, Frankfurt am Main, 1958.

M – Iz prepiske s Milenom Jesenskom : *Briefe an Milena*, S. Fischer, Frankfurt am Main, 1982.

O – Iz rukopisne ostavštine : *Beschreibung eines Kampfes. Novellen, Skizzen, Aphorismen aus dem Nachlass*, S. Fischer, Frankfurt am Main, 1953, i *Hochzeitsvorbereitungen auf dem Lande und andere Prosa aus dem Nachlass*, S. Fischer, Frankfurt am Main, 1953.

Ot – Iz prepiske sa sestrom Otlom : *Briefe an Ottla und an die Familie*, S. Fischer, Frankfurt am Main, 1974.

F – Iz prepiske s Felicom Bauer : *Briefe an Felice und andere Korrespondenz aus der Verlobungszeit*, S. Fischer, Frankfurt am Main, 1967.

BIOGRAFSKA SKICA

1883   3. jula, kao najstarije dete trgovca Hermana Kafke i njegove žene Julije, rođ. Levi (Löwy), u Pragu se rodio Franc Kafka

1893–1901   Pohađa nemačku gimnaziju u praškom Starom gradu

1901–1906   Započinje germanistiku, a onda studira prava na praškom Univerzitetu (doktorirao je kod Alfreda Vebera 1906. godine); počinje prijateljstvo s Maksom Brodom

1906–1907   Pravnička praksa u Oblasnom sudu i Krivičnom sudu u Pragu

1907–1908   Pripravnička služba u Osiguravajućem zavodu „Assicurazioni generali"

1908   Stupa u „Zavod za osiguranje radnika od nesrećnih slučajeva Češkog kraljevstva u Pragu"

1910   Kafka počinje da vodi dnevnik

1910–1912   Zajednička putovanja, tokom odmora, s Maksom Brodom u inostranstvo; veze s jevrejskom pozorišnom trupom iz Poljske koja gostuje u Pragu

1912   Kafka upoznaje Berlinku Felicu Bauer; pojavljuje se njegova prva knjiga *Razmatranje*; nastaju *Presuda* i *Preobražaj*; rad na romanu *Nestali*

1913	Živa prepiska s Felice
1914	Prvo vereništvo s Felice; rad na romanu *Proces* i na *Kažnjeničkoj koloniji*
1915	Dobitnik Fontaneove nagrade, Karl Šternhajm (*Carl Sternheim*), predaje ovu, skupa s pripadajućim novčanim iznosom, dalje Kafki „kao znak svoga priznanja"
1916	Obnavlja tesnu vezu i vereništvo s Felice: „naš je dogovor, ukratko, da se venčamo ubrzo posle završetka rata"
1916–1917	Nastaju mnogi kratki tekstovi (pre svega, većina priča iz zbirke *Seoski lekar*) u radnom domicilu u Ulici Alhemičarâ
1917	Nameštanje sopstvenog stana u palati Šenborn; počinje da izučava hebrejski jezik; provala bolesti (tuberkuloza pluća) i raskid drugog vereništva
1917–1918	Bolesnički odmor u češkom selu Cirau; nastajanje mnogih aforizama
1919	Veza s Julijom Voriček; piše *Pismo ocu*
1920	Bolesnički odmor u Meranu; počinje prepisku s Milenom Jesenskom
1921	Bolesnički odmor u Matljarima (Visoke Tatre); prijateljstvo s Robertom Klopštokom (Klopstock)
1922	Nastaju roman *Zamak* i *Umetnik u gladovanju*; penzionisanje; rad na *Istraživanjima jednog psa*
1923	Veza s Dorom Dijamant (Diamant ili Dymant); preseljenje u Berlin; nastaje *Izgradnja Kineskog zida*

1924   Tuberkuloza grla; nastaje *Pevačica Jozefina* 3. juna Kafka umire u Kirlingu kod Klosternojburga, blizu Beča 11. juna sahranjen je na jevrejskom groblju u Strašnicu, u Pragu

POGOVOR

Uz Kafkine priče i srodne spise

Govoriti o Kafki je nemoguće u podjednakoj meri u kojoj je za njega sam život bio nemogućan. On govori o nemogućnosti da se živi. Njega muči dalekosežnije pitanje od pitanja kojim su ostali pripovedači vođeni. Mi se usredsređujemo na to šta neko čini sa svojim životom, a on se – uz maksimalnu i strogu preciznost u jeziku, lišenom ikakvog metaforičkog obilja, uz apsolutnu čistotu književne intencije i stvaralačkog nauma i uz neverovatnu postmetafizičku predanost koja dodiruje sam očaj – nosi sa sopstvenim krikom *da li je moguće biti živ*. Zapravo postmetafizičko doba u književnom kosmosu nastupa tek sa Kafkom, jer sa njim se ruši ustaljena ravnoteža između suprotnosti putem kojih poimamo i na kojima u mišljenju artikulišemo svet u istoriji Zapada.

Istovremeno, suočeni sa nemogućnošću da govorimo o Kafkinom delu, za nas je to izazov vođen željom da shvatimo zagonetku. Tu bi važilo ono što će i on reći povodom nekog sna: *nije saopštiv, jer nije dokučiv, a podstiče na saopštavanje iz istog razloga*.

Zašto je sve što je pisao bilo sušta književnost? Zašto u svakoj njegovoj rečenici, čak i kad je ona nezavršena, otkrivamo njegovu jedinstvenost?

U šali ili ne, jednom je odgovorio svojoj prvoj verenici Felici Bauer da je on sâm književnost. Zbog književnosti je i napustio verenicu. Ostavio je i Milenu Jesensku iz istog razloga. Ali, ne zanosimo se: ono što je razumevao pod književnošću nije istovetno sa onim što mi mislimo kad se pozivamo na književnost. On ne misli ni na kakve trikove, na tehniku i tehnologiju, na mašineriju i na šta sve ne čime se mi služimo da bismo stvorili neko delo, pesmu, roman, priču. Kod njega nema obmane. On odbacuje veštinu. Ona čak nije ni u njegovom vidokrugu. Milena je za njega rekla da je on poput golog čoveka u gomili odevenih. I on je toga bio duboko svestan. Sa tim se sve vreme nosio. Bilo je to za njega svakodnevno junaštvo. Socijalna laž mu je bila strana. Takav je bio i u pisanju, i pisanje je bilo jedino sredstvo njegovog opstanka. Sredstvo istine ili možda i sama istina. U tom smislu je sve što je pisao bila sušta književnost, lišena svih laži kojima se mi služimo u opstanku. I to prepoznajemo u svakoj njegovoj reči, i pogađa nas zagonetnom snagom. To je snaga koja nema svoje središte niti metu. Ne može se svesti tek na tobožnju mržnju prema ocu, ili na postojanje, odnosno nepostojanje Boga, niti fizičku bolest, ili na kritiku birokratskog mehanizma, ili na hiljadu drugih stvari putem kojih smo pokušavali da razumemo u čemu je neodoljivost Kafkinog pisanja. Nema nekog centra, jer ga nije bilo ni u samom Kafki. Zato kod njega nema psihologije, niti ikakve izrazitije individuacije likova. Svi su stranci.

Živeti samo u istini! Ne, sa tim nije bilo moguće biti živ, kao ni živeti sa drugima. To je granična situacija. To je Kafkina večita situacija. Nije ona bez ironije i humora, ali je neizdržljiva. Uhvaćen u nju, bez ikakve zaštite pred uvidom da cilja i središta nema, i da je jedino čimo raspolažemo naše bezizgledno pokušavanje da dopremo do onoga čega nema, priznajući sopstveni stid da je bez ikakvog utočišta, sagledava istinu o sopstvenoj izgnaničkoj nemoći. To sagledavanje ga čini drukčijim od svih ostalih pisaca i osnova je, na kraju krajeva, njegovog genija, ma i uprkos tome što nije želeo nikad da mu tako nešto bude pripisano. Naprotiv. Maks Brod, njegov prijatelj, odbio je da ga izbavi od te sudbine: odbio je da spali, po piščevom zavetu, Kafkine rukopise posle njegove smrti. Naslućujemo zašto je to Kafka tražio; razumemo zašto to njegov prijatelj ipak nije učinio.

Naravno, ne samo da je govoriti o Kafki nemogućno u pravom smislu, nego je nemogućno i pisati posle njega, a da nas ne peče savest. Književnost, ipak, i posle Kafke postoji. Ali, ne njegova, nego naša. On je bio *jedan* početak i *jedan* kraj, za nas neponovljiv.

Uz Kafkine snove

Prvo izdanje svih pristupačnih Kafkinih snova, izlučenih i okupljenih u jednoj knjizi, pojavilo se 1990. godine u Palermu, na Siciliji. Pripremio ga je Gaspare Đudiče. Osim zapisa snova, u zbirci su bili i Kafkini zapisi o snovima. Sprega Kafkinog dela sa oniričkim svetom je neosporna, pa je zbirka na očigledniji način zapravo poklanjala čitaocima – izdvajajući snove iz izvornog konteksta (prvenstveno pisama i dnevnika), donoseći ih kao samostalne tekstove – skroviti krvotok u bratstvu pisanja i snova. U zapisima snova je odjednom iskrsnuo novi kvalitet, čak novi karakter, ranije neprimećen. U to ćemo se uveriti kad se predamo ovim *sabranim snovima*, koji nisu u svemu identični sa italijanskim izdanjem. Ovde je gledano da odnos prema prisustvu oniričkog elementa u tekstovima bude strožiji; izbegnuta su izvesna nagađanja da bismo dobili na izvesnosti da je reč o snu a ne tek o oponašanju njegove strukture. Zatim, prema nemačkom izdanju, napomene su tako usmerene da zapise snova situiraju u eventualni biografski okvir i ukažu na mogućne veze između snova i događaja u Kafkinom životu. Pri tome je „tumačenje" snova prepušteno odluci samog čitaoca.

Poznato je šta se dešava u jednoj od najglasovitijih priča Franca Kafke, u povesti *Preobražaj*: izvesni Gregor Samsa se jednog jutra probudio iz teških snova i otkrio da je preobražen u nekog ogromnog insekta. Događaj je neobičan, ali bismo mu možda i oprostili neobičnost, pomirili se s takvim preobražajem, da nam je pisac dozvolio da se celo to čudo odigrava u snu. Ipak, Kafka je nedvosmislen i kaže da to nije nikakav san, čime nam uskraćuje najudobnije objašnjenje koje bi, tako, na kraju krajeva, bilo realističko. I ne ostaje nam drugo nego da o Kafki mislimo kao o piscu fantastike. U tome je i zagonetka: Kafka je sušti realista. Po njemu, ionako nema ničeg irealnijeg od realnosti. Kod njega je na delu logika sna, ali to je san u koji je duboko zadrla realnost. Mogli bismo reći da u njegovom delu sama realnost sneva sopstvene košmare. Tada, razumljivo, ne važe uobičajeni zakoni, nego se ispod njih pomalja sam život u svojoj silovitosti kojom upravljaju naše skrovite želje. San se pretvara u realnost, a realnost u san. Po tome, preobražaj Gregora Samse u bubu možemo shvatiti i dalje kao san, ali koji tek dobija na snazi u zbilji kad je porečen kao san. Pojam realnosti je prefigurisan. Zbivanja u snu poprimaju status stvarnog. Neobičnost i dalekosežnost Kafkinog dela počivaju u neku ruku upravo u sledećem: ono što nam inače izgleda kao nemoguće, pred našim začuđenim, pa i poplašenim očima pojavljuje se kao suštinski realno. Otuda je umesno govoriti o vidovitosti Kafkinih snova, onih koje je sačinjavao u svojim delima, polazeći od svog ličnog iskustva oniričkog sveta i sveta u takozvanom stanju budnosti.

Za rečeno gotovo da nema ubedljivijeg svedočanstva od Kafkinog romana *Proces*. I njegova radnja počinje izjutra, posle buđenja, kad po junaka koji „ništa zlo nije učinio" dolaze sudski službenici, obaveštavaju ga da se može smatrati uhapšenim i da je protiv njega pokrenut proces. Ono što izgleda nemoguće, naposletku se, kad uronimo u čitanje, pokazuje kao nešto stvarno. Zakoni zasnovani na kauzalnosti bivaju obesnaženi, a ispod njih pisac nam otkriva zakone koji istinski artikulišu realna zbivanja u svetu ljudi. Svet počinjemo drukčije da gledamo. Biva nam jasno da je u tom svetu mnogo šta nedokučivo, i da je to čak moćnije od onoga što smo do sada uspevali da racionalno objasnimo.

Sam Kafka nam ukazuje na svoj dug snovima. U jednom od svojih dnevničkih zapisa, pisanje kojem se predaje okarakterisaće kao predstavljanje sopstvenog unutrašnjeg života koji je nalik snovima. S tim iskazom je saglasno i njegovo priznanje da se uvek trudio, pre nego što će početi da piše, da se zaštiti od svih uticaja spoljneg sveta. Ta „samoća" označava takoreći bezuslovnu pretpostavku njegovog spisateljskog stvaranja. Odvajajući se od svih i od svega, kad je sedao za pisaći sto, ili u postelji pisao na kolenima, to je bilo kao da se oburvava u snove na krevetu ili kanabetu. Nije on hteo da stvori neku posebnu atmosferu neophodnu za stvaranje, nego je pokušavao da dopre do određenog mentalnog stanja koje po mnogo čemu odgovara stanju snevanja. Konačno, nije li očito da je njegov roman *Nestali* (ili *Amerika*) nastao u suštini iz jedne slike koja mu je bila dočarana u snu? San se prelio u pisanje, a ovo nas ponovo vraća snu. „Samo tako mogu da pišem, samo u takvoj spregnutosti, u takvoj otvorenosti tela i duše." To će reći kao komentar uz nastanak povesti *Presuda*. Pisao ju je od 10 časova uveče do 6 časova izjutra. Pisanje je zamenilo spavanje, a i priča te povesti je poput sna: sina, ni krivog ni dužnog, osuđuje otac na smrt.

Da li bismo onda mogli zaključiti da se Kafka u svom stvaranju služio sredstvima sna? Ako jeste, to ne znači da su njegovi književni tekstovi zapisi sna, naime da su u njima u izvesnom smislu ponovo ispričani snovi koje je Kafka stvarno sanjao. Njegovi tekstovi su pre svojevrsni umetnički snovi, snovi u budnom stanju, sačinjeni da budu nalik pravim snovima. Oni su oniričke fantazije u kojima se, preplićući san i javu, raskrivaju nedokučive istine života, u kojima se suočavamo s mukama kojima nas svet izlaže i kojima sebe u svetu izlažemo.

S druge strane, u pismima i dnevnicima Kafka se žali da svoje snove doživljava i kao nešto što se protivstavlja njegovom pisanju, budući da izazivaju nesanicu koja mu umanjuje sposobnost. On moli za besano spavanje, a ta molitva mu najčešće nije uslišena. Predstoji mu cela noć, kaže, kad doduše spava, ali ga istovremeno teški snovi drže budnim. I on je, poput svog junaka Gregora Samse, provodio noći i dane gotovo nimalo ne spavajući. Nasuprot produktivnih sanjarija i fantazija u polusnu, ovi teški snovi ga pritiskaju i on nije kadar da ih kontroliše. Takvi snovi, u kojima prepoznajemo osobe koje ga okružuju, mesta u kojima je boravio, poglavito potiču od problema koji su ga mučili u svakodnevnom životu. Sad ti problemi pothranjuju oniričku jezu u njemu. Sudeći po snovima sabranim u ovoj knjizi, mogućno je prepoznati niz grupa problema koji su navalili na njega. Tu su, pre svega, problemi iz njegovog odnosa prema prijateljicama Felici Bauer i Mileni Jesenskoj. Zatim, iz odnosa prema ocu. Naravno, i ti snovi mogu poprimiti književni status u kasnijoj obradi. Upravo zato što ih je osećao kao nešto izuzetno intimno, Kafka je snove saopštavao veoma malom broju bliskih osoba. Bilo je to za njega ispovedanje koje se ne poverava baš svakom. Otuda ćemo u ovoj knjizi, ukoliko umemo da oslušnemo najdublje tokove u snovima, naslutiti mnoge elemente iz Kafkinog unutrašnjeg života koje je on pokušavao da potisne i savlada, prvenstveno pretapajući ih u čudo svog pisanja.

Kako god bilo, besane časove koje je Kafka provodio, noću u postelji, tokom popodneva na kanabetu, oslobađali su neku imaginativnu energiju koja je premošćavala faze književne jalovosti, ali i konfliktne situacije u njegovoj svakodnevici. I sve je to nalazilo izraza u njegovom delu, „snovi" su bili kontrolisani pomoću fantazije. Kad se osvrnemo na Kafkin u tom pogledu bogat život, moraćemo se složiti da je on bio jedan od „velikih snevača u svetskoj književnosti". Njegov prijatelj Maks Brod nedvosmisleno će zabeležiti u svom dnevniku 25. maja 1911. godine: „Kafka ne dolazi, ništa ga, izgleda, više ne zanima osim njegovih snova." Nema sumnje da se u ovom navodu „snovi" odnose na samo piščevo delo, na pisanje. U tom smislu je Kafkina sudbina zaista bila jednostavna, predodređena strašću da prikazuje „svoj snovima nalik unutrašnji život". Da se nije odazvao toj strasti, ništa ga drugo ne bi moglo učiniti zadovoljnim. Ali, da to ne bismo, naposletku, uzeli kao veliku utehu, ili kao umirujući paradoks, valja znati da je Kafka govorio o žešćem paradoksu, o zadovoljstvu ne u življenju, nego od pisanja kao uslovu da – *zadovoljan umre.*

SADRŽAJ

[Spomenar] 5

PRIČE I NACRTI

Ah, zmijo 9
Duh mučitelj 10
Divljaci 11
Glavnokomandujući 12
Rastrzani san 14
„Ti", rekoh 15
Svakodnevno junaštvo 16
Punomoćje 18
Zeleni zmaj 19
Uz Vavilonsku kulu 20
Ribolov 23
Hram 24
Leopardi 25
Izabrani konji 26
Duga priča 35
Nemoć 36
Kad mu dojadiše mora 37
Sančo Pansa i Don Kihot 38
O slikovitostima 40

Izvori sa napomenama 41

SNOVI

O spavanju, bdenju i snovima	51
Noćni snovi i snovi po danu	54
Sačinjeni snovi	99
Napomene	111
Skraćenice	128
Biografska skica	129
Pogovor	133

Izdavačko preduzeće
RAD
Beograd, Dečanska 12

*

Glavni urednik
NOVICA TADIĆ

*

Grafički urednik
MILAN MILETIĆ

*

Lektura i korektura
MIROSLAVA STOJKOVIĆ

*

Nacrt za korice
JANKO KRAJŠEK

Digitalizacija slova
DARKO STANIČIĆ

*

Za izdavača
SIMON SIMONOVIĆ

*

Štampa
Elvod-print, Lazarevac

Tiraž 1000

ISBN 86-09-00857-6

CIP – Каталогизација у публикацији
Народна библиотека Србије, Београд

821.112.2(436)-36
821.112.2(436)-94
821.112.2(436).09 Кафка Ф.

КАФКА, Франц
  Vavilonska jama : priče i snovi / Franc Kafka [s nemačkog preveo Jovica Aćin]. – Beograd : Rad, 2004 (Lazarevac : Elvod-print). – 141 str. ; 18 cm. (Biblioteka Reč i misao ; knj. 555)

Tiraž 1.000. – Izvori s napomenama: str. 41–48. – Napomene: str. 111–127. Pogovor: str. 131–137.

ISBN 86-09-00857-6

a) Кафка, Франц (1883–1924) – Приповетке
b) Кафка, Франц (1883–1924) – Мотиви

Снови

COBISS.SR-ID 113166092

www.ingramcontent.com/pod-product-compliance
Lightning Source LLC
LaVergne TN
LVHW051127080426
835510LV00018B/2283